Arena Taschenbuch
Band 0341

Frank Littek
wurde 1962 in Bremen geboren. Sein Studium der Wirtschaftswissenschaften
finanzierte er durch das Schreiben von Artikeln für die Lokalausgabe
einer Bremer Tageszeitung. Nach Abschluss der Universität blieb er
dem Journalismus treu und war sechs Jahre lang Redakteur
bei einer Hamburger Zeitung.
Heute lebt Frank Littek als freier Journalist und Buchautor
zwischen Bremen und Hamburg. Von ihm sind bisher zahlreiche
Sachbücher und ein Roman erschienen.
tsteht, hat ihn schon als Kind bewegt
sgelassen. Später, als er dann selbst
te, fand er es an der Zeit,
mal genauer nachzugehen.

FRANK LITTEK

So entsteht ein Buch

Mit Illustrationen von
Catharina Westphal

Arena

Bildquellen:
Westermann Verlag, Braunschweig
Arena Verlag, Würzburg

In neuer Rechtschreibung

1. Auflage als Originalausgabe im Arena Taschenbuchprogramm, 2000
© 2000 by Arena Verlag GmbH, Würzburg
Umschlaggestaltung: Bachmann & Seidel
Umschlag- und Innenillustrationen: Catharina Westphal
Gesamtherstellung: Westermann Druck Zwickau GmbH
ISSN 0518-4002
ISBN 3-401-00341-0

Inhalt

Vorwort

Lesen macht Spaß. Eigentlich seltsam, denn Lesen ist auch eine Sache, die als sehr nützlich und vernünftig gilt. Das wird kaum ein Erwachsener bestreiten. Die meisten Eltern fördern und unterstützen den Umgang mit Büchern, wo es nur geht. Die einzige Ausnahme besteht vielleicht, wenn sie dich mitten in der Nacht beim Lesen mit einer Taschenlampe unter der Bettdecke entdecken.

Normalerweise machen aber Dinge, die so fürchterlich vernünftig sind, keinen Spaß. Mit dem Lesen ist das anders. Das liegt sicher auch daran, dass es so viele verschiedene Arten von Büchern gibt. Aus manchen Büchern kannst du etwas lernen, aus Schulbüchern zum Beispiel. Die sind ganz sicher vernünftig – manchmal aber auch ein bisschen langweilig. Lehrer und Eltern finden solche Bücher fast immer gut.

In anderen Büchern werden spannende Geschichten erzählt. Die gefallen dir vermutlich besser. Aber, und jetzt wird es interessant:

Auch die Bücher, aus denen du etwas lernst, können sehr spannend sein. Zum Beispiel dann, wenn darin etwas über Tiere, alte Kulturen oder fremde Länder steht.

Wer etwas über Bücher und das Lesen sagen möchte, muss weit ausholen, denn man kann von sehr großen Büchern und von sehr kleinen berichten, von Mönchen und Schriftstellern, Computern, riesigen Druckmaschinen und davon, wie Ideen schließlich zu großen Taten wurden und Bücher die Welt verändert haben.

Und wo sollen all diese Geschichten erzählt werden? Natürlich hier, in diesem Buch – einem Buch über Bücher.

Was für Arten von Büchern es gibt

Papier und Pappe, vielleicht ein Schutzumschlag, verziert mit einem bunten Bild, viele Seiten und manchmal ganz schön schwer: Das alles ist ein Buch. Alles? Nun, ein Buch besteht natürlich aus mehr als nur dem Papier, welches du in den Händen hältst. Auf das, was darin steht – das Gedruckte – kommt es an. Klarer Fall. Die abgedruckten Worte und Sätze geben wieder, was ein anderer Mensch sich ausgedacht oder gesprochen hat.

Das Besondere dabei ist, dass in einem Buch diese Gedanken »aufbewahrt« oder »eingefroren« sind.

Wenn jemand mit dir spricht, müsst ihr im selben Raum sein oder zumindest telefonieren. Nach einem kurzen Moment werden die Sätze verklungen sein. Vielleicht erinnerst du dich noch eine Weile an sie. Das ist alles. Es sei denn, du hast sie mit einem Tonband aufgenommen. Wenn der Schriftsteller aber seine Gedanken aufschreibt, gehen sie nicht mehr verloren. Du kannst sein Buch in die Hand nehmen und immer wieder darin nachschlagen: in deinem Zimmer, im Garten oder sogar im Bus, wenn du zur Schule fährst.

Das ist besonders wichtig bei Büchern, in denen – wie bei Schulbüchern – etwas erklärt wird. Der Text bleibt viele Jahre erhalten. So erfährst du heute noch, was Schriftsteller sich vor 100 Jahren oder länger ausgedacht haben und lernst dadurch viel über die Gedanken des Menschen, der das Buch geschrieben hat.

Außerdem können viele tausend Menschen das Buch lesen, oft so viele, dass der Schriftsteller niemals mit ihnen allen reden könnte.

Weil der Autor – das ist ein anderes Wort für den Schriftsteller – nun weiß, dass so viele Menschen sein Buch lesen und es außerdem so viele Jahre erhalten bleibt, wird er es sehr sorgfältig schreiben. Die meisten Autoren überlegen genau, ob das, was sie schreiben, auch wirklich richtig und gut ist. Deshalb kannst du dich auf die meisten Bücher, die dir etwas erklären oder aus denen du lernst, auch verlassen. Meistens stimmt das, was in diesen Büchern steht. Auch dieses Buch wurde sehr sorgfältig geschrieben.

Was für Bücher kennst du eigentlich?

Ganz bestimmt liest du gerne spannende Geschichten. Das können Gruselgeschichten oder Krimis sein, Pferdebücher, Fantasyabenteuer, Mädchenbücher und vieles mehr. Geschichten, die ein Autor sich in seiner Phantasie ausgedacht hat, nennt man *Belletristik*. Die-

ser Begriff stammt aus dem Französischen. Er bedeutet so viel wie »schöner Brief«.

Zur Belletristik gehören vor allem Romane: zum Beispiel Abenteuerromane, Liebesromane und Kriminalromane. Romane, die in die Vergangenheit, in die Historie, führen, werden als historische Romane bezeichnet. Ein Liebesroman, der vor 500 Jahren spielt, ist auch ein historischer Roman. Wenn ein Schriftsteller eine Geschichte erfindet, die er ganz

oder teilweise selbst erlebt hat, sagt man: Dieser Roman ist autobiografisch.

Bücher, die Gedichte enthalten, gehören ebenfalls zur Belletristik, denn auch Gedichte hat sich ein Autor ausgedacht.

Das ist bei Sachbüchern anders. In diesen werden keine erfundenen Geschichten erzählt, sondern es werden Sachen oder Ereignisse beschrieben, die es auf der Welt gibt oder einmal gegeben hat. Das Buch, das du in den Händen hältst, ist ein Sachbuch. Schulbücher sind auch Sach-

bücher. Sie beschreiben aber nicht nur Dinge, sondern erklären sie auch so, dass sie dem Lehrer bei seinem Unterricht helfen. Zu den Sachbüchern zählt man Tierbücher, Pflanzenbücher, Technikbü-

cher, Computerbücher, Kochbücher, Sportbücher, Bastelbücher und viele andere mehr. Bücher lassen sich aber auch anders unterteilen. Wird ein Buch als Kinder- oder Jugendbuch bezeichnet, richtet sich die Einteilung nach dem Alter der Leser, für die es gemacht wurde. Als Jugendbuch lässt es sich dann wiederum in Belletristik oder Sachbuch einteilen. Beides ist möglich. Eine andere Aufgliederung richtet sich

danach, wie ein Buch ausgestattet ist. Hat es mehr Bilder als Text, spricht man von einem Bilderbuch. Enthält es Musikstücke, kann es zum Beispiel ein Liederbuch oder ein Gesangbuch sein. Ein Abenteuerroman besteht vorwiegend aus Text. Da müsste er doch eigentlich gleichzeitig auch ein Textbuch oder Wortbuch sein. Diese Bezeichnungen aber gibt es nicht. Eigentlich komisch, oder?

Noch eine andere Einordnung von Büchern ist möglich. Man spricht von Taschenbüchern und gebundenen Büchern oder Hardcover-Titeln.

Der Name *Hardcover* kommt aus dem Englischen und bezeichnet einen festen Buchumschlag. Hardcover sind also Bücher, deren Buchdeckel fest ist. Manchmal liegt um den Buchdeckel noch ein Schutzumschlag aus Papier. Hardcover-Titel sind meistens schwerer, teurer und größer als Taschenbücher, die einen flexiblen, weichen Umschlag haben. Taschenbücher sind billiger und kleiner als die gebundenen Bücher. Gerade Kinderbücher haben oft aber keinen Schutzumschlag mehr.

Dieses Buch, in dem du jetzt liest, ist ebenfalls ein Taschenbuch. Taschenbücher sind in Deutschland nach dem Zweiten Weltkrieg entstanden. Die meisten Menschen hatten nicht so viel Geld. Gebundene Bücher konnten von vielen Lesern nicht bezahlt werden. So wurde das Taschenbuch erfunden, das von den Verlagen mit

Häufig erscheinen gebundene Bücher später als Taschenbuchausgabe. Links der Hardcover-Umschlag, rechts der Taschenbuch-Titel.

sehr viel geringeren Kosten hergestellt werden kann. Deshalb ist sein Preis in der Buchhandlung niedriger. Das erste Taschenbuch im heutigen Sinne kam 1950 in Deutschland auf den Markt. Seit 1958 gibt es Taschenbücher auch für Kinder. Oft erscheint ein neues Buch zunächst im Hardcover. Wenn es das Buch dann einige Jahre zu kaufen gibt, wird es —billiger —noch einmal als Taschenbuch veröffentlicht. Das ist insbesondere bei Romanen der Fall. Sachbücher kommen oft auch schon in der Originalausgabe, also zum ersten Mal, als Taschenbuch heraus.

Insgesamt werden in jedem Jahr auf der Welt fast eine Million Bücher neu herausgebracht. In jeder Minute erscheinen also zwei neue Bücher. In Deutschland sind es natürlich viel weniger. Aber auch hier können sich die Zahlen sehen lassen. Über 70 000 Bücher kommen in jedem Jahr neu heraus. Würde man all diese Bücher nebeneinander stellen, käme eine Strecke von ungefähr zehn Kilometern dabei heraus. Und das Gewicht ist so wie das von vier ausgewachsenen Elefanten.

Die meisten Bücher haben zwischen 100 und 300 Seiten. Von den Neuerscheinungen gehören 13,5 Prozent – also fast 10 000 Bücher – zur Belletristik. Der Anteil der Kinder- und Jugendbücher ist mit 6 Prozent, das sind über 4 000 Bücher, bedeutend geringer. Den größten Anteil an den jährlichen Neuerscheinungen haben Sachbücher, Schulbücher, Ratgeber und Ähnliches. Neben den Neuerscheinungen drucken die Verlage natürlich auch Bücher nach, von denen die erste *Auflage* bereits verkauft ist. Alles zusammen genommen werden in Deutschland in jedem Jahr rund 600 Millionen Bücher hergestellt. Im Durchschnitt gibt jeder Haushalt pro Monat 30 Mark für Bücher aus.

Für die meisten Menschen sind Bücher etwas sehr Vertrautes, Persönliches – fast so, wie gute Freunde. Da fällt es schwer zu glauben, dass Bücher auch Rekorde aufstellen können – ganz schön beeindruckende noch dazu. So müssen immerhin fünf Männer zupacken, um das größte Buch der Welt zu tragen. Das ist 3,07 m hoch, 2,74 m breit und wiegt 252 kg. Dabei hat es gar nicht so viele Seiten. Es sind nur 300.

Das kleinste Buch der Welt hat nur 12 Seiten und muss mit einer starken Lupe – besser einem Mikroskop – gelesen werden. Die Seiten sind kleiner als ein Quadratmillimeter. Das kleinste deutsche Buch ist 1952 herausgekommen und misst 6 x 6 mm. Zu lesen steht darin das Vaterunser. Auch dafür sollte wohl am besten eine Lupe genommen werden. In China wurde vor rund 250 Jahren das umfangreichste Buch der Welt geschrieben. Es handelt sich um ein Wörterbuch und hat 5 020 Bände zu je 170 Seiten. Insgesamt besitzt das Werk also 853 400 Seiten. Das teuerste Buch der Welt ist das Evangeliar Heinrich des Löwen. Heinrich war ein Herzog aus

Braunschweig und lebte von 1142 bis 1180. Sein Buch mit dem Text der christlichen Evangelien gibt es noch immer. Als es vor einigen Jahren in London versteigert wurde, erzielte es einen Preis von 32,5 Millionen Mark. Gekauft hat es die Bundesrepublik Deutschland. Es kann heute in der Herzog-August-Bibliothek in Wolfenbüttel besichtigt werden.

Einen anderen Rekord stellt die Bibel auf. Sie ist das Buch, das in der ganzen Welt am meisten verbreitet ist. Es gibt rund 2,5 Milliarden Exemplare in über 1 600 Sprachen und Dialekten. Die Bibel ist eines der berühmtesten Bücher der Welt. Millionen von Menschen, die sie gelesen haben, versuchen nach ihren Geboten zu leben. Immer wieder gibt es Bücher, die sehr viele Menschen beeinflusst haben. Neben der Bibel ist der Koran – das heilige Buch des Islam – ein solches Werk. Oft muss ein Buch aber gar nicht so bekannt sein, um diese Wirkung zu erzielen. Viele Leser erinnern sich gern an ein, zwei, vielleicht auch mehr Bücher, die ihnen irgendwann einmal im Leben geholfen haben oder die sie einfach nur sehr beeindruckend fanden. Oft vergisst man solche Bücher nie. Überlege einmal: Gibt es auch für dich ein Buch, das dir besonders viel bedeutet?

Als die Bücher noch von Hand geschrieben wurden: Eine kleine Geschichte des Buches

Menschen gibt es schon sehr lange, seit mindestens 500 000 Jahren. Viele Forscher meinen sogar, seit noch sehr viel längerer Zeit. Seit Menschen bestehen, können sie sprechen. Die Sprache, aber auch das Feuer und die Fähigkeit, Werkzeuge und Waffen zu bauen, sicherten dem Menschen in der Urzeit das Überleben. Natürlich gab es damals schon Geschichten. Sie wurden von Generation zu Generation weitererzählt. Aufgeschrieben haben die Menschen ih-

re Worte aber erst viel später. Es dauerte sehr lange, bis die Schrift erfunden wurde. Wahrscheinlich war es um 2900 vor Christus in Mesopotamien – heute sind dort die Länder Irak und Kuwait zu finden –, als die Menschen die erste Schrift erfanden. Dabei wurde für jedes Wort ein Bildsymbol genommen, sodass ein Text dann aus ganz vielen kleinen Bildern bestand, die hintereinander oder auch übereinander angeordnet waren. Auch in Ägypten, dort wo noch heute die großen Pyramiden stehen, erfanden die Menschen ungefähr zur selben Zeit eine Schrift, die genauso funktionierte. Die Schriftzeichen der alten Ägypter heißen *Hieroglyphen*.

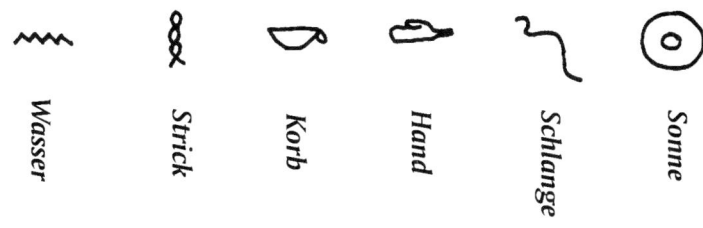

Ägyptische Hieroglyphen

Du kannst dir Hieroglyphen in sehr vielen Museen für alte Geschichte ansehen. Vielleicht gibt es bei euch in der Nähe ein solches Museum. Diese frühen Schriften wurden in Stein gehauen oder in Ton geritzt. Bücher gab es damals noch nicht.
Viele Jahre vergingen und die Menschen entwickelten die Schrift allmählich immer weiter. Zunächst wurde eine Schlange gemalt, um das Wort Schlange darzustellen, ein Ochsenkopf wurde gezeichnet, wollte man das Wort Ochse schreiben. In dieser Zeit galt das Schreiben in den meisten Ländern als eine geheimnisvolle

Kunst und nur wenige Menschen, meistens Priester, konnten lesen und schreiben. Schon damals aber gab es, wie auch heute, Kaufleute und Händler. Diese wollten vor allem Geld verdienen, Rechnungen schreiben und ihre Vorräte zählen. Und dazu waren die bisherigen Schriften viel zu umständlich, zu vieldeutig, ungenau und zu schwer zu erlernen.

Die Kaufleute versuchten immer wieder die Schrift zu vereinfachen. Das dauerte sehr lange. Ganz besonders gut gelang es den Phöniziern, einem alten Volk, das am Mittelmeer lebte. Unter ihnen gab es besonders viele Händler, die schließlich eine Schrift erfanden, die anders funktionierte als die Bilderschrift der Hieroglyphen. Sie zerlegten die Sprache in einzelne Laute und gaben jedem dieser Laute einen Buchstaben. Das kann man am Beispiel des Buchstabens N sehr schön sehen. So kann jeder Mensch den Buchstaben »N« als Ton aussprechen. Um ihn zu schreiben, fehlte den Händlern aber noch ein Zeichen. Nach einiger Zeit – heute weiß niemand mehr, wie lange das dauerte – kamen sie darauf, einfach das Zeichen für Schlangen zu malen, wenn man den Laut »N« darstellen wollte. Der Grund war ganz einfach. In ihrer Sprache war »Nun« das Wort für Schlange. Und »Nun« fängt mit einem »N« an. Man schrieb von da an das ganze Zeichen für Schlange, meinte damit aber nur noch den Laut »N«. Und wer genau hinsieht, kann noch heute im Buchstaben »N« die Schlange erkennen. Dazu muss man sich nur die scharfen Ecken in der Form des Buchstaben etwas abgerundet denken. Aus dem Wort »Beth« – es hieß Haus – nahmen die Phönizier das »B«, um den entsprechenden Laut schreiben zu können. So entstand schließlich ein ganzes Alphabet.

Nach den Phöniziern verwendeten Griechen und Römer diese Art zu schreiben und verbesserten sie. Schließlich gelangte das veränderte Alphabet zu uns. Es sind die Buchstaben, mit denen wir heute schreiben. Auch dieses Buch ist damit verfasst.

Die Entwicklung der Buchstaben a, b, n unseres Alphabetes	*ägyptische Hieroglyphen*	*phönizisch um 1100 v. Chr.*	*griechisch 800-700 v. Chr.*	*lateinisches Alphabet*
aleph = Ochse	☒	◁	▷ A	A
beth = Haus	⊓	◁	∂ ꓵ ꓐ	B
nun (nahas) = Schlange	⌇	ᒣ	ꓯ ꓥ	N

Die Schrift entwickelte sich meherere tausend Jahre lang. Daran waren viele Kulturen beteiligt.

Papier gab es damals noch nicht. Immer nur auf Stein und Lehm zu schreiben, war natürlich sehr umständlich. Viel besser eigneten sich Tierhäute, aus denen das sehr teure *Pergament* hergestellt wurde. Die Ägypter fertigten ein Schreibmaterial aus *Papyrus,* einer Schilfpflanze, die in Ägypten wächst und bis zu drei Meter hoch wird. Sie musste geschnitten und besonders bearbeitet werden, wollte man darauf schreiben.

Auch die alten Germanen kannten Schriftzeichen, die Runen. Ursprünglich waren die Runen Holzstäbchen, die auf den Boden geworfen wurden. Aus den Mustern, die dabei entstanden, las man dann die Zukunft. Später entwickelte sich daraus die Runenschrift. Die Germanen verwendeten als Schreibmaterial Holzstäbe, in die sie die Runen ritzten. Meist war das Holz aus Buche. Daher kommt es, dass wir heute von einem »Buch« sprechen. Auch der »Buch«-stabe leitet sich davon ab.

Ein Minister des chinesisches Kaisers mit dem Namen Tsai-Lun war es, der 105 nach Christus zum ersten Mal Papier herstellte. Der Minister hatte sich zuvor darüber geärgert, wie viel Geld am kaiserlichen Hof für Schreibmaterial ausgegeben wurde. Man schrieb beim Kaiser von China sogar auf teure Seide. Der Minister wollte etwas Billigeres erfinden und hatte damit Erfolg. Bald wurde überall in China auf Papier geschrieben.

In Europa war es bis dahin noch ein langer Weg. Zuvor lernten die Moslems das Papier kennen. Um 1200 gab es in Marokko schon 400 Papierfabriken. Von dort gelangte das Wissen um dieses Schreibmaterial über Spanien nach Europa. Erst 1389 stellte Ulman Stromer aus Nürnberg als erster Deutscher Papier her.

Lesen und schreiben konnten zu dieser Zeit aber nur ganz wenige Menschen. Geschrieben wurde fast nur in den wenigen Schreibstuben der großen Städte und der Klöster. Damals klang auch die Sprache noch ganz anders als heute. Das hört sich dann so an wie dieses Gedicht aus dem 12. Jahrhundert, das in einer alten Handschrift gefunden wurde:

Das heißt:
»du bist mein,
ich bin dein,
dessen sollst du
gewiss sein.
du bist fest einge-
schlossen in mei-
nem Herzen,
verloren ist der
Schlüssel, du must
nun immer darin
bleiben.«

In den Schreibstuben der Klöster wurden im Mittelalter auch Bücher hergestellt. Sollte ein Buch, zum Beispiel eine neue Bibel, angefertigt werden, schrieben die Mönche mühsam Buchstaben für Buchstaben von einer anderen Bibel ab. Die Arbeit dauerte Monate, oft Jahre. Dazu kamen Buchmaler. Sie verzierten die Anfangsbuchstaben eines Kapitels und malten Bilder in das Werk. Jedes Buch war anschließend ein einzigartiges Kunstwerk – und damit auch entsprechend teuer. Als Schreibmaterial diente in Europa noch immer das teure Pergament.

Zwei Seiten aus dem Gebetbuch der Dorothea von Brandenburg, eine Handschrift um 1523.

Erst mit der Verbreitung des Papiers hatte man ein billigeres Schreibmaterial gefunden. Noch fehlte aber eine Technik, durch die das mühsame Kopieren der einzelnen Buchstaben und Worte von Hand vermieden werden konnte.

Um 1450 machte Johannes Gutenberg in Mainz die entscheidende Erfindung: den Buchdruck. Gutenberg hatte die Idee, einzelne Buchstaben aus Blei zu gießen. Waren genug von diesen Metallbuchstaben vorhanden, konnten damit beliebige Worte, Sätze, ja ganze Buchseiten in einem Rahmen zusammengesetzt werden. Färbte man die so zusammengesteckten Buchstaben – den *Satz* – mit Druckerschwärze ein, war es möglich, die Seite anschließend in beliebiger Zahl zu drucken. Damit konnte aus jedem Text ein Buch hergestellt werden.

Johannes Gutenberg, Kupferstich von 1584.

Die neue Methode, Bücher anzufertigen, war auch mühsam, aber nicht so aufwändig wie die Arbeit der Mönche und Schreiber. Und vor allem: Gutenberg druckte gleich zehn, 20 oder auch 100 Exemplare eines Buches auf einmal ohne große Mehrarbeit.

Die neue Technik sprach sich schnell herum. Schon um 1500 gab es überall in Europa, in jeder großen Stadt, mehrere Druckereien. Man konnte jetzt ohne großen Aufwand Bücher und Flugblätter drucken und neue Ideen, Geschichten und Nachrichten blitzschnell verbreiten. Das moderne gedruckte Buch war geboren und trat seinen Siegeszug an. Schon wenig später veränderte sich die Welt in einem Tempo, das es bis dahin nicht gegeben hatte. Ein Zeitalter der Entdeckungen und Veränderungen brach an und erschütterte die Grundfesten des bisherigen Denkens. All das nur, weil durch die Erfindung des Buchdrucks Informationen schneller unter die Menschen gebracht werden konnten.

Eine Buchdruckerei aus der Zeit Johannes Gutenbergs.

Am Anfang steht die Idee: Wie ein Buch geschrieben wird

Ein Buch zu schreiben, ist eine sehr schwierige Arbeit, die lange dauert. Fast jeder Schriftsteller hat seine eigene Arbeitsweise, die sich von der Methode anderer Autoren sehr unterscheiden kann. Trotzdem gibt es einige Arbeiten, die so wichtig sind, dass jeder Schriftsteller sie erledigt. So macht er sich immer zuerst ein Konzept oder einen Plan für sein Buch. Darin legt er fest, was genau in seinem Buch stehen soll. Dann recherchiert jeder Schriftsteller, das heißt: Er verschafft sich zusätzliches Wissen. Dazu kommt die eigentliche Arbeit des Schreibens und – ganz am Schluss – wird alles noch einmal korrigiert und überarbeitet.

Manche Autoren machen diese Arbeiten Schritt für Schritt hintereinander. Andere wiederum erledigen sie abwechselnd oder sogar durcheinander. Dann kann es sein, dass sie anfangen zu schreiben und dann eine Pause machen, um zu recherchieren. Am nächsten Tag verändern sie erst den schon fertigen Text und schreiben wieder einen Tag später weiter. Das ist alles ganz schön kompliziert. Schauen wir deshalb zwei Autoren bei ihrer Arbeit zu. Der erste verfasst ein Sachbuch, der zweite schreibt einen Krimi.

Wissen zählt:
die Arbeit an einem Sachbuch

Einmal angenommen, ein Schriftsteller hat den Einfall, ein Sachbuch über Flugzeuge zu schreiben. Die Idee dafür kam ihm ganz spontan, als er bei einem Spaziergang ein Sportflugzeug beobachtete. Er denkt eine Weile über seine Idee nach und überlegt sehr genau, ob sie auch für viele andere Menschen interessant sein könnte. Denn wenn sie das nicht ist, würde ja niemand später sein Buch lesen wollen. In unserem Fall kommt er zu dem Schluss, dass sich ganz bestimmt viele Leute für Flugzeuge interessieren. Er geht in eine Bibliothek und erkundigt sich, ob es schon ein Buch gibt, in dem für Kinder und Jugendliche erklärt wird, wie ein Flugzeug funktioniert und was die Piloten während eines Fluges genau tun. Genau so ein Buch nämlich würde er gerne schreiben. Auch im Internet kann er so ein Buch über Flugzeuge nicht finden. Das scheint eine echte Marktlücke zu sein.

Er denkt aber auch noch über vieles andere nach. So passt in ein Buch ja eine ganze Menge Text. Kann er über seine Idee – also Flugzeuge – so viel schreiben, dass es ein ganzes Buch füllt? Das müsste wohl gehen, denkt er sich. Flugzeuge sind schwierig zu verstehen, da kann man viel erklären, wenn man es gut machen will. Und das hat er sich fest vorgenommen.

Bevor er jetzt weiterarbeitet, möchte er mit einem *Verlag* über seine Idee reden. Verlage stellen Bücher her und verkaufen sie. Das kann der Autor nicht allein. Der Autor beschreibt seine Idee in einem Brief und schickt ihn an verschiedene Kinder- und Jugendbuchverlage. Eine Lektorin findet seine Idee gut, möchte aber noch mehr darüber wissen und bittet den Autor, seine Idee genauer in einem Exposé oder Konzept zu beschreiben. Das Exposé ist eine kurze Darstellung des Inhaltes eines Buches. Ein solches Exposé soll er dem Verlag zuschicken. Das tut der Autor. Dafür aber muss er sich an seinen Schreibtisch setzen und noch viel mehr über das neue Buch nachdenken. Er plant nun, was er in den einzelnen Kapiteln des Buches darstellen will. Ein Kapitel soll Propellerflugzeuge erklären, ein anderes Düsenflugzeuge. Dann möchte er erklären, wie die Menschen das Fliegen erfunden haben, und vor allem will er beschreiben, was die Piloten im Cockpit genau tun. Um alles genau zu erklären, sollten viele Bilder den Text ergänzen. Insgesamt wird das Buch ungefähr 100 Seiten haben. Das alles schreibt er auf und schickt es an den Verlag. Die Lektorin dort liest das Konzept und findet die Idee immer noch gut. Es gefällt ihr, was der Autor gemacht hat, und sie kann sich gut vorstellen, dass ein solches Buch viele Leser findet. Sie fragt den Autor, ob er noch ein weiteres Kapitel über Flughäfen schreiben kann. Der Autor sagt Ja. Nun schließen beide einen Vertrag, in dem steht, wie viel Geld der Autor für seine Arbeit bekommt, wie viele Seiten er genau schreiben soll und wann er seinen Text abgeben muss.

Jetzt muss sich der Autor beeilen, denn schon in sechs Monaten soll sein Text – das *Manuskript* – fertig sein. Bevor er aber mit dem Schreiben beginnt, sind noch einige Vorbereitungen zu treffen. Dazu gehört die Recherche. Der Autor interessiert sich schon lange für das Fliegen und weiß auch eine ganze Menge darüber, aber bei weitem noch nicht alles, was in dem Buch erklärt werden soll. Also notiert er sich auf langen Listen all die Fragen, die noch beantwortet werden müssen. Viele Antworten findet er in Fachbüchern. Er wendet sich an die Fachleute bei den Fluggesellschaften und in den Flughäfen. Er schreibt viele Briefe und muss oft telefonieren, wenn er etwas nicht verstanden hat oder vielleicht neue Fragen auftauchen.

Nach und nach lernt der Autor immer mehr über Flugzeuge. Am schwierigsten zu verstehen sind die Düsenmaschinen und die Arbeit der Piloten, die sie fliegen. Aber der Autor hat Glück: Bei einer Fluggesellschaft telefoniert er mit einem Piloten, der ihn einlädt, doch einmal im Cockpit mitzufliegen und sich dabei alles genau anzusehen. Das macht der Schriftsteller natürlich gerne.

Er fliegt im Cockpit bei einem Flug auf die Kanarischen Inseln mit. Dabei sieht er, wie die Piloten arbeiten und lässt sich sehr viel erklären. Nach diesem Flug hat der Autor sehr viel dazugelernt und es fällt ihm jetzt leicht, sein Buch fertig zu schreiben. Das ist gut. Denn nun eilt die Zeit.

Kaum ist der Autor mit dem Schreiben fertig, liest er den ganzen Text noch mehrmals durch und überprüft ihn immer wieder. Dabei kontrolliert er sehr genau, ob auch alles, was er über Flugzeuge geschrieben hat, wirklich richtig ist. Es könnte ja sein, dass er irgendwo einen Fehler gemacht und etwas falsch erklärt hat. Dann liest er jedes Wort auf Rechtschreibfehler durch und kontrolliert jeden Satz noch einmal darauf, ob er ihn nicht noch ein bisschen besser schreiben könnte. Alles, was ihm nicht gefällt, verbessert und überarbeitet er. Das kann sehr viel sein und sehr lange dauern. Das Manuskript wird jetzt gerade noch rechtzeitig fertig. Der Autor ist endlich mit allem zufrieden und schickt das Manuskript an die Lektorin des Verlages.

Die Lektorin ist schon ganz gespannt darauf, denn auch sie interessiert sich für das Fliegen. Sie prüft das Manuskript nun sehr sorgfältig. Der Autor, so findet sie, hat ein schönes Buch geschrieben. Jetzt bearbeiten Lektorin und Autor das Buch gemeinsam weiter, damit es gedruckt und dann verkauft werden kann.

Auf diese Weise entstehen viele Sachbücher. Oft ist es aber auch anders. Dann werden die Ideen für Sachbücher in den Verlagen entwickelt. Das gehört mit zu den Aufgaben der Lektoren. Diese kennen den Buchmarkt sehr genau. Wenn ein Verlag auf Sachbücher für Kinder spezialisiert ist, weiß der Lektor, was für Sachbücher es schon auf dem Markt gibt. Gleichzeitig kennen die Lektoren auch die Leser ihrer Bücher sehr gut und wissen, was für Bücher gerne gelesen werden. Der Verlag, der das Flugzeugbuch veröffentlicht, möchte in Zukunft noch mehr Bücher herausbringen, in denen Technik erklärt wird. Am wichtigsten ist dabei ein Buch über Autos. Das soll natürlich auch möglichst schnell fertig sein. Deshalb kann die Lektorin jetzt nicht warten, bis ihr irgendwann ein Autor zufällig ein Manuskript für ein Autobuch schickt – das ihr dann vielleicht gar nicht gefällt. Aus diesem Grund telefoniert die Lektorin mit einem Autor, den sie gut kennt, weil der schon öfter für den Verlag Bücher geschrieben hat. Diesen Autor beauftragt sie nun, ein Buch über Autos zu schreiben. Der Autor ist einverstanden. Er hört sich die Ideen an, die die Lektorin schon zu dem Buch hat. Dann schreibt er – genau wie der Autor des Flugzeugbuches – ein Konzept. Die Arbeit an dem Buch selbst verläuft dann ähnlich wie bei dem Flugzeugbuch: Der Autor recherchiert, schreibt und korrigiert sein Manuskript. Bei der Recherche telefoniert er zum Beispiel mit Autofirmen, lässt sich Unterlagen über die einzelnen Automodelle zuschicken, besichtigt eine Autofabrik, unterhält sich mit dem Automobilclub ADAC und Umweltschützern. Währenddessen überlegt sich die Lektorin jetzt schon, dass sie auch gerne ein Buch über Eisenbahnen machen möchte. Dazu braucht sie natürlich wieder einen Autor. Damit – so überlegt sie sich jetzt – könnte sie den Flugzeugautor ja beauftragen. Aber natürlich erst, wenn das Fliegereibuch fertig ist.

Wo die Phantasie waltet: der Entwurf eines Romans

Anders sieht es in der Belletristik aus. Im Unterschied zu einem Sachbuch erzählt der Autor in einem Roman eine Geschichte. Und die ist meist frei erfunden. Das heißt, der Schriftsteller denkt sich die Handlung dabei vom Anfang bis zum Ende aus. Das dauert oft genauso lange, wie später das Schreiben des Buches. Der Autor benötigt dafür sehr viel Phantasie und gute Ideen. Du weißt bestimmt auch, wie schwer es ist, gute Ideen zu haben. Ebendeshalb hat jeder Autor seine eigene, ganz besondere Art zu arbeiten. Ganz ähnlich wie beim Sachbuch gibt es aber auch beim Schreiben eines Romans einige Arbeiten, die fast alle Schriftsteller erledigen. Auch hierbei machen sie ein Konzept, sie recherchieren, schreiben natürlich und korrigieren. Bei einem Roman ist das Konzept aber sehr viel umfangreicher als bei einem Sachbuch. Es kann über 100 Seiten umfassen. In dem Konzept legt der Autor fest, was in der Geschichte passiert, wie sich die Handlung entwickelt. Dann bestimmt er die Eckpunkte in der Erzählung, an denen die Handlung jeweils eine Wendung nimmt oder einen neuen Impuls bekommt. Im Englischen heißt Handlung plot und die Wendepunkte der Handlung nennt man daher auch Plot-Points. In »Emil und die Detektive« fährt Emil allein mit dem Zug zu seiner Oma nach Berlin. Seine Mutter hat ihm viel Geld für die Großmutter mitgegeben. Emil schläft im Zug ein. Als er aufwacht, ist das Geld gestohlen. Mit diesem Wendepunkt beginnt der spannende Hauptteil des Buches, in dem Emil versucht den Dieb zu finden.

Zu den wichtigen Arbeiten am Konzept gehört auch, dass sich der Schriftsteller die Personen, die in der Geschichte eine Rolle spielen, überlegt. Dabei muss er sehr viele Kleinigkeiten bedenken, denn die Figuren sollen für den Leser ja möglichst echt und lebendig wirken. Der Autor sollte wissen, ob die Personen in seiner Geschichte groß oder klein sind, ob sie braune oder blaue Augen, braune oder blonde Haare haben, wie alt sie sind, wie sie reden, sich bewegen oder denken. Die Personen in dem Roman müssen genau wie »richtige« Menschen auch Probleme haben oder aus dem, was sie erleben, lernen. Das alles denkt sich der Schriftsteller aus. Sehr viele Autoren konstruieren dafür einen Lebenslauf der Hauptfiguren. Sie machen sich Gedanken darüber, wo die Person geboren wurde, wer die Eltern waren, welche Schule sie besucht hat und welchen Beruf sie später ergriffen hat.

Dabei erfindet der Autor manchmal auch Dinge, die er sehr wahrscheinlich im Roman gar nicht verwenden wird. Trotzdem ist es wichtig, damit die Figuren später im Buch möglichst lebendig und echt wirken. Stell dir vor, in einem Buch gibt es einen älteren Jungen. Er ist sehr kräftig, gleichzeitig aber auch ein ganz großer Angeber. In der Schule verprügelt er alle, die nicht sofort das tun, was er will. Vielleicht hat dieser Junge aber vor vielen Jahren in einer anderen Stadt gewohnt. Dort war er der Kleinste in seiner Schulklasse und wurde immer von allen gehänselt. Niemand nahm ihn ernst. Seitdem hasst er dieses Gefühl. Wenn heute ein Klassenkamerad nicht tut, was er will, fürchtet er wieder, nicht ernst genommen zu werden. Dann will er allen zeigen, dass man ihn respektieren muss. Und dazu prügelt er und macht den anderen Angst. Dass der Junge in einer anderen Stadt gehänselt wurde, wird im Buch gar nicht erwähnt. Trotzdem ist es wichtig, denn es hilft dem Autor, sich die Person des Jungen vorstellen zu können und zu verstehen, warum er so gewalttätig geworden ist. Er kann dann den Jungen in jeder Situation des Buches so beschreiben, dass er lebendig und glaubwürdig wirkt.

Ob eine Geschichte spannend ist oder nicht, hängt ganz wesentlich davon ab, wie du die Personen findest. Wenn du in einem Krimi den Kommissar und seine Assistentin magst, möchtest du, dass sie Glück haben und ihnen nichts passiert. Du machst dir Sorgen um sie, wenn es gefährlich wird und drückst ihnen die Daumen. Schließlich plant der Schriftsteller noch, wie er die Handlung erzählen will. So sollen sich ruhige Szenen mit spannenden Momenten abwechseln – damit die Geschichte nicht zu langweilig oder zu anstrengend wird. Die meisten Autoren bauen die Spannung so auf, dass sie zum Ende immer stärker wird. Auf dem Höhepunkt – kurz vor dem Ende – ist sie dann kaum noch auszuhalten. Der Aufbau von Spannung ist ein großes Geheimnis von guten Romanen und überhaupt von Geschichten, die man gerne hört und liest. Es ist sehr schwer, eine Geschichte spannend zu erzählen. Jeder Schriftsteller hat dafür sein eigenes Rezept.

Es gibt aber eine wichtige Regel, die fast alle Autoren kennen. Eine Geschichte wird immer dann spannend, wenn die Wünsche einer Hauptfigur auf Widerstand stoßen, wenn sie ihr Ziel nur unter großen Schwierigkeiten erreichen kann. Dabei ist es egal, ob ihr die Hindernisse von anderen Menschen in den Weg gelegt werden, von der Natur oder auch durch ihre eigenen Gefühle.

Wenn ein Mädchen zur Schule geht, gute Noten bekommt, sich prima mit ihren Eltern versteht, ist das sicher schön. Aber möchtest du so etwas in einem Roman lesen? In einem Buch wäre es langweilig. Wenn das Mädchen aber zusammen mit ihren Freunden Geld für ein Schulfest sammelt und wenige Tage vor der Feier die Geldkassette gestohlen wird, kann das der Beginn einer sehr spannenden Geschichte sein. Denn nun müssen die Freunde versuchen den Dieb zu finden.

Ein Autor hat im Garten gearbeitet. Dabei ist ihm eine Geschichte für einen Krimi eingefallen, in dem es um eine Entführung geht. Der Schriftsteller findet den Gedanken spannend und spinnt ihn weiter. Kinder sollen die Entführung aufklären, während gleichzeitig erfahrene Polizisten im Dunkeln tappen. Damit steht die Idee fest. Als Nächstes setzt sich der Autor an seinen Schreibtisch. War es bisher noch ganz nett, über seine Idee bei der Gartenarbeit nachzudenken, wartet jetzt eine besonders schwierige Arbeit auf ihn. Er muss das Konzept für den Roman entwickeln. Dazu schreibt er seine Idee zunächst auf. Eine Entführung allein reicht noch nicht, um eine spannende Kriminalgeschichte zu schreiben. Dazu gehört noch mehr. Er braucht zum Beispiel Personen, die den Fall lösen. Wie sollen die aussehen? Sind sie jung oder alt? Sind sie miteinander befreundet oder eher Feinde? Dann muss er wissen, wann die Geschichte spielen soll, wer das Opfer der Entführung ist, wer der Täter. Stück für Stück, in vielen Stunden Arbeit, wird aus der bloßen Idee einer Entführung eine Geschichte. Der Autor weiß, dass seine Helden keine Erwachsenen sein sollen. Er möchte von einigen Mädchen und Jungen schreiben, die den Entführten suchen und ihn schließlich auch tatsächlich entdecken. Gleichzeitig ermittelt die Polizei, ein selbstzufriedener Kommissar kurz vor der Pensionierung, der glaubt, dass ihm niemand mehr etwas vormachen kann. Er will natürlich nichts davon wissen, dass die Kinder ihm bei seinen Ermittlungen helfen und geht ihren Hinweisen nicht nach. So machen sich die Jungen und Mädchen allein auf die Suche nach den Tätern und deren Opfer. Schließlich, so viel weiß der Schriftsteller schon jetzt, werden sie den Gefangenen befreien und den Fall viel schneller als die Polizei lösen.

Das aber ist ihm noch nicht gut genug, denn Entführungsgeschichten gibt es schon sehr viele. Diese soll noch spannender werden. Und so beschließt der Schriftsteller, dass es der Vater eines der Jungen ist, der entführt wird.

Obwohl der Autor sich eigentlich immer noch am Anfang seiner Arbeit befindet, muss er sich jetzt schon das Ende der Geschichte überlegen. Das hat seinen Grund: Wenn du dir das Buch später kaufst, liest du die Geschichte natürlich vom Anfang bis zum Ende. Auf jeder Seite werden die Jungen und Mädchen neue Spuren, Hinweise, aber auch Unterstützung finden, die sie immer näher an die Täter heranführen. Als Leser erfährst du erst ganz am Ende, wo der Entführte gefunden wird, welches Versteck seine Peiniger gewählt haben. Der Schriftsteller muss das aber sehr früh wissen, denn er denkt sich ja die ganzen Spuren aus, die du zusammen mit den Mädchen und Jungen dann Stück für Stück entdeckst. Und das kann er natürlich nur, wenn er schon weiß, wohin die Spuren schließlich führen.

Diese Geschichte soll in Berlin spielen. Hier gibt es unter den Straßen der Stadt ein riesiges System von unterirdischen Bunkern und Tunneln, die von den Nazis im Dritten Reich angelegt wurden. Viele der Gänge, die zu den Bunkern führen, stehen unter Wasser. Hier haben die Entführer den Vater versteckt. Um ihn am Ende zu befreien, benötigen die Mädchen und Jungen die Hilfe eines jungen Tauchers, den sie schon in der Mitte der Geschichte kennen lernen. Diesen Taucher »baut« der Schriftsteller nur deshalb in die Geschichte ein, weil er weiß, dass er ihn für das Ende der Handlung brauchen wird.

Jetzt ist der Autor mit seiner Arbeit schon ein Stück weiter. Was meinst du: Kann er sie jetzt ganz genau fertig planen und mit dem Schreiben beginnen? Leider noch nicht. Es fehlt noch das Allerwichtigste. Und das sind die Hauptfiguren des Romans. Bisher war immer nur von Mädchen und Jungen die Rede. Die sollte sich der Autor aber noch viel genauer vorstellen können, bevor er mit dem Schreiben anfängt. Ihm raucht mittlerweile ganz schön der Kopf. Jetzt braucht er erst einmal eine Pause. Er möchte spazieren gehen.

Dabei – so nimmt er sich vor – will er nicht mehr an seine Geschichte denken, sondern nur die Wiesen, Bäume und Häuser anschauen. Kaum ist er unterwegs, sieht er plötzlich einen schmächtigen, blonden Jungen über die Straße laufen, der auf ihn sehr unsicher wirkt. Donnerwetter, denkt er. Genau so soll die Hauptfigur in meinem Roman aussehen. Und schon überlegt er, wie der Junge wohl redet, wie er lacht und ob er manchmal weint. Kaum ist er wieder zu Hause, sitzt er auch schon an seinem Schreibtisch und notiert sich alles, was ihm eingefallen ist.

So entstehen in zahlreichen Stunden auf vielen Seiten Papier schließlich die Hauptfiguren des Buches.

Die Hauptperson soll der Junge sein. Er heißt Marcus, ist blond, schmächtig und hat nicht viele Freunde. Sein Vater ist ein bekannter Archäologe, ein Geschichtsforscher. Als junger Mann konnte er einige Dokumente, Kunstschätze und Gold in dem Berliner Stollensystem entdecken, das die Nazis dort kurz vor Kriegsende versteckt hatten. Dadurch wurde er berühmt. Sein Vater ist fast perfekt, denkt Marcus. Er hat viele berühmte Freunde, wird von diesen oft um Rat gefragt und benimmt sich überall vorbildlich. Ständig werden Artikel von ihm in der Zeitung veröffentlicht. Er redet auf Kongressen und anderen Veranstaltungen. Marcus würde auch gerne so werden wie sein Vater. Aber er weiß, dass er es nie schaffen

wird. Der Vater stellt sehr hohe Anforderungen an ihn: Marcus soll gute Noten schreiben, ein hervorragender Sportler sein, viele Freunde haben. Nichts von alldem hat Marcus bisher geschafft. Er spürt, dass er seinen Vater immer wieder enttäuscht. Und sicher ist das der Grund, warum er nie die Anerkennung und Zuneigung seines Vater bekommen hat, die er sich schon immer so wünscht.

Jetzt aber ist der Vater entführt.

Die Verbrecher glauben, dass Marcus' Vater bei seinen Entdeckungen im Berliner Untergrund auch das geheimnisvolle Bernsteinzimmer gefunden hat, nach dem Schatzsucher seit Jahrzehnten fahnden. Sie sind fest davon überzeugt, dass der Fundort von ihm in einer geheimen Karte eingezeichnet wurde – der einzigen Karte, die es von dem verborgenen Tunnelsystem überhaupt gibt. Diese Karte wollen sie von der Frau des Archäologen erpressen.

Aber Marcus' Mutter besitzt die Karte gar nicht mehr, denn Marcus hat sie mittlerweile gestohlen. Mit ihrer Hilfe macht er sich auf den Weg, seinen Vater zu finden. Auf der Suche beschäftigt er sich immer mehr mit seinem Vater und denkt viel über ihn nach. Mit jeder Spur und jedem Schritt, die er dem Entführten näher kommt, versteht er auch die Gefühle und das Denken seines Vaters besser.

Dann gibt es noch zwei Freunde. Einen Jungen und seine Schwester, die Marcus kennen lernt, als das Mädchen ihm das Portmonee stehlen will, er sie dabei aber erwischt. Beide kommen aus einer armen Familie. Sie sind sehr frech, kennen zahlreiche Tricks und vor allem alle Winkel der Stadt. Sie geben ihm überhaupt erst den Mut, sich auf die Suche zu begeben. Daneben gibt es noch viele andere Personen, wie die Mutter, einen Onkel, Bekannte und weitere Polizisten, die nicht so wichtig für die Geschichte sind. Auch diese Personen denkt sich der Autor sehr genau aus und kann sie sich schließlich so vorstellen, als wären sie lebendig.

Der Autor beginnt mit dem Schreiben erst, wenn er sich die ganze Geschichte ausgedacht hat.

Ein Buch zu schreiben dauert lange. Wie lange, ist von Schriftsteller zu Schriftsteller sehr unterschiedlich. Manche empfinden das Schreiben als sehr anstrengend. Sie schreiben jeden Tag nur ein paar Stunden. Dann dauert die Arbeit viele Jahre. Anderen Autoren fällt das Schreiben sehr leicht, sie schreiben den ganzen Tag über und nach dem Abendessen bis in die Nacht hinein. Das Manuskript ist nach einigen Monaten fertig. Damit ist die Arbeit aber noch nicht zu Ende. Der Text muss jetzt noch korrigiert werden. Dazu liest der Autor den ganzen Roman noch sehr oft durch. Dabei ändert er alle Fehler. Das sind zum Beispiel Rechtschreibfehler. Der Autor wird aber auch noch sehr viel schlimmere Fehler finden, an die er beim Schreiben einfach nicht gedacht hat. So steht vielleicht auf einer Seite geschrieben, dass die beiden Jungen und das Mädchen sich an einem Sonntagmorgen ganz früh treffen. Sie unterhalten sich nur kurz. Auf der nächsten Seite schreibt er dann, dass es dunkel wird, als sie sich verabschieden. Das kann natürlich gar nicht sein. Da ist dem Schriftsteller ein Fehler unterlaufen, vielleicht weil er beim Schreiben genau an dieser Stelle eine Pause gemacht hat. Solche Stellen wird er beim Durchlesen bemerken und natürlich ändern. Diese Korrekturen können sehr langweilig und anstrengend sein. Die meisten Autoren mögen sie nicht. Trotzdem sind sie sehr wichtig, denn das Buch soll ja später dem Leser – also dir – gefallen. Und du möchtest bestimmt keine Fehler finden oder irgendwelchen Unsinn lesen.

Wie immer der Roman aber auch geschrieben wurde: Schließlich liegt eine Fassung vor dem Schriftsteller, die ihm gefällt und in der er keine Fehler mehr entdeckt.

Jetzt steckt er den Roman in ein Paket und schickt es an seinen Verlag. Während beim Schreiben des Romans der Autor allein gearbeitet hat, kümmern sich jetzt im Verlag sehr viele Menschen um den weiteren Weg des Buches. Was sie genau machen, wie das Buch weiter entsteht, wird im nächsten Kapitel erklärt.

Vom Manuskript zum fertigen Buch: die Herstellung

Am Anfang:
Der Verlag entscheidet über das Manuskript

Der Schriftsteller hat seinen Roman fertig geschrieben, ihn dann in ein Paket gesteckt und an einen Verlag geschickt. Was passiert jetzt mit dem Manuskript, wenn der Briefträger es beim Verlag abgibt? Die vielen Seiten, die beim Verlag ankommen, werden dort zunächst von einer Lektorin angesehen. Die Lektorin prüft den Text des Autors sehr genau. Sie überlegt dabei, ob ihr das Buch gefällt und ob es für ihren Verlag geeignet ist. Wenn aus einem Manuskript ein Buch werden soll, das du in jeder Buchhandlung kaufen kannst, muss der Verlag daran sehr viel und sehr lange arbeiten. Das ist kompliziert und auch sehr teuer. Bevor der Verlag damit beginnt, wird er sich natürlich sehr genau überlegen, ob sich diese Mühe lohnt. Das macht die Lektorin. Die achtet aber nicht nur darauf, wie gut ihr das Manuskript gefällt. Sie muss auch bedenken, ob es überhaupt zu den anderen Büchern des Verlages – dem Programm – passt. Die meisten Verlage haben sich auf bestimmte Bücher spezialisiert. Ein Kochbuchverlag wird sich nicht für einen Kriminalroman interessieren. In diesem Fall guckt sich die Lektorin den Text nur kurz an und schickt ihn dann an den Schriftsteller zurück. Unser Autor hat sein Paket an einen Kinderbuchverlag geschickt. Damit ist das Manuskript hier richtig.

Lektoren sind darin geübt, sich Manuskripte anzusehen. Sie haben sehr viel Erfahrung damit und erkennen schnell, ob ein Manuskript in ihren Verlag passt oder auch nicht. Oft bekommen Lektoren sehr viele Manuskripte. Das können drei oder vier pro Tag sein. Im Jahr sind das dann vielleicht – ohne Wochenenden – rund 800. Davon werden aber nur ganz wenige zu Büchern. Viele Verlage veröffentlichen im Jahr nur 20 Bücher. Daran kannst du sehen, wie viele Manuskripte an die Autoren zurückgeschickt werden, ohne dass ein Buch daraus wird. Dabei musst du bedenken, dass von diesen 20 Büchern die meisten – vielleicht zehn – von Schriftstellern geschrieben werden, die schon viele Bücher veröffentlicht haben. Bei acht Titeln handelt es sich um *Lizenzen*. Das sind Bücher, die es schon in anderen Ländern wie Schweden oder England gibt, die der Verlag nun zum ersten Mal als Übersetzung in Deutschland herausgibt. Es bleiben also nur zwei Bücher, bei denen neue Autoren eine Chance bekommen. Und selbst das ist noch sehr viel. Bei vielen anderen Verlagen gibt es gar keine Möglichkeiten für junge Autoren.

Entsprechend genau prüft die Lektorin die Manuskripte, die auf ihrem Schreibtisch landen. Bei dem Krimi mit der Entführung passiert etwas Seltsames. Die Lektorin fängt an zu lesen. Sie bekommt rote Ohren und liest weiter und liest und liest. Sie kann zunächst gar nicht aufhören, so spannend findet sie die Geschichte, und dann ist sie an einigen Stellen auch noch lustig, sodass sie mehrmals schmunzeln muss.

Lektoren haben viele Aufgaben in einem Verlag. Sie telefonieren mit Autoren, überlegen sich die Titel, bearbeiten Manuskripte, machen sich Gedanken über die Bilder in einem Buch und darüber, welche Bücher wohl in Zukunft in ihr Verlagsprogramm passen würden. Dabei bleibt ihnen oft nur noch wenig Zeit, um Manuskrip-

te zu lesen. Viele Lektoren finden das schade. Weil fast alle unheimlich gern lesen, tun sie das dann häufig zu Hause, nach Feierabend. Wenn sie eine wirklich gute Geschichte finden, können sie sich darüber aber sehr freuen.

In diesem Fall ist die Lektorin begeistert – und es ist ihr ganz egal, dass sie dadurch jetzt zu spät in eine wichtige Konferenz kommt. Sie findet das Manuskript so gut, dass sie es gerne als Buch veröffentlichen möchte. Sicher ist das in diesem Moment aber noch nicht. In den meisten Verlagen wird die Lektorin jetzt mit dem Manuskript zu dem Verleger gehen, ihrem Chef. Dem Verleger gehört der Verlag. Und deshalb hat er auch zu bestimmen, welche Bücher in seinem Verlag erscheinen sollen. In ganz kleinen Verlagen ist der Verleger manchmal auch selbst der Lektor. Dann guckt er sich die Manuskripte persönlich an und entscheidet auch gleich, ob sie als Buch gedruckt werden. In größeren Verlagen hat der Verleger dafür keine Zeit mehr. Er kümmert sich um sehr viele wichtige Dinge.

Dazu gehört die Zusammenarbeit mit anderen Verlagen und die Frage, wie viele Menschen im Verlag arbeiten sollen. Auch plant er, was der Verlag in den nächsten Jahren für ein Buchprogramm anbieten soll, ob der Verlag nicht neben Kinderbüchern auch noch Bilderbücher drucken könnte, was das kosten würde und ob er dafür neue Mitarbeiter einstellen müsste. Und dann macht er sich Sorgen darüber, ob das Geld für all diese Pläne reichen wird. Der Verleger kann sich deshalb nicht jedes Manuskript ansehen. Damit die Manuskripte aber trotzdem sorgfältig gelesen und geprüft werden, hat er einen oder mehrere Lektoren eingestellt. Der Verleger muss also sehr viel Vertrauen in die Arbeit seines Lektors haben, wenn er ihn damit beauftragt, die Manuskripte zu prüfen. Und deshalb hofft jetzt auch die Lektorin, den Verleger recht schnell von dem Buch über die Entführung überzeugen zu können. Das gelingt. Der Verleger weiß seit vielen Jahren, dass Manuskripte, die seine Lektorin gut findet, zu sehr schönen Büchern werden, die sich gut verkaufen lassen. Er stellt der Lektorin noch einige Fragen zu dem Manuskript und der Geschichte. Dann sind sich beide einig: Aus dem Manuskript soll möglichst schnell ein Buch werden.

Genau wie beim Sachbuch wird auch jetzt zwischen dem Autor und dem Verlag ein Vertrag geschlossen, in dem steht, wie viel Geld der Autor für sein Buch bekommt, wann es erscheinen soll und wie viel es voraussichtlich kosten wird.

Nun wird die Zahl der Menschen, die im Verlag an dem Buch arbeiten, immer größer. Was als Idee eines einzelnen Schriftstellers bei der Gartenarbeit begann, beschäftigt jetzt viele Abteilungen im Verlag.

Wenn es ums Geld geht: die Kalkulation

Bücher sind etwas Schönes, sie sollen den Lesern gefallen. Gleichzeitig will der Verlag mit den Büchern auch Geld verdienen. Das ist sehr wichtig. Würde im Verlag niemand daran denken, wäre der Verlag bald pleite und die Lektorin und ihre Kollegen arbeitslos. Möglichst viele Menschen sollen das Buch in einem Buchladen kaufen.

Ein Buch zu drucken kostet viel Geld. Und das sollte nicht mehr sein als das, was der Verlag beim Verkauf des Buches verdient. Deshalb werden die Kosten eines Buches sehr genau berechnet und geplant, bevor es hergestellt wird.

Diese Planung nennt man *Kalkulation*. Verlage kalkulieren ihre Bücher meist sehr sorgfältig, damit sie noch vor Vertragsabschluss wissen, dass ein Buch nicht nur spannend und interessant ist, sondern sich auch finanziell für den Verlag lohnt.

Die Kalkulation ist Aufgabe des Herstellers, der im Verlag für die technische Produktion der Bücher zuständig ist. Um die Kalkulation machen zu können, rechnet er zunächst aus, wie viele Buchseiten sich wohl aus dem Manuskript des Schriftstellers ergeben, denn eine Seite des Manuskriptes ist nie genauso lang wie die spätere Buchseite. Da kann es ganz schöne Unterschiede geben. Der Hersteller probiert verschiedene Modelle aus. Er errechnet zum Beispiel, wie viele Seiten es werden, wenn das Buch sehr groß ist und einen festen Umschlag hat. Und er bestimmt die Seitenzahl bei einem kleinen Taschenbuch. Dabei spielt auch die Größe der Schrift eine Rolle. Je größer die Schrift ist, umso mehr Seiten muss das Buch haben. Steht fest, wie viel Seiten das Buch hat, können die weiteren Kosten berechnet werden. Der Verlag kann jetzt abschätzen, wie viel er für Papier, die Druckerei und viele andere Posten ausgeben muss.

```
Kalkulation: Autobuch
```

Format	Taschenbuch	
Umfang	96 Seiten	
Auflage	9.000	
Druck	4-farbig	
Papier		6.740,--
Papier Umschlag		630,--
Illustrationen Farbe		2.500,--
Illustrationen sw		750,--
Zeichner Honorar		3.000,--
Autor Honorar		4.500,--
Druckerei		5.200,--
Summe aller **Herstellkosten**		23.320,--
Ladenpreis	9,80	
Umsatz (Preis x Auflage)	9,80 x 9.000	88.200,--
Händlerrabatt	40%	35.280,--
Herstellkosten		23.320,--
allgemeine Kosten (Miete, Gehälter, Strom usw.)		25.000,--
Gewinn (= Umsatz - **Händlerrabatt - Kosten)**		4.600,--

Weitere Kosten entstehen, wenn im Buch Zeichnungen oder Fotos abgebildet werden. Zeichner und Fotograf müssen, genau wie der Autor, bezahlt werden. Vor allem ist es aber wichtig zu wissen, ob die Bilder in Schwarz-Weiß oder in Farbe abgedruckt werden sollen. Entscheidet sich der Verlag für Farbbilder, entstehen sehr viel höhere Herstellungskosten für das Buch, als wenn nur Schwarzweißfotos oder überhaupt keine Bilder vorkommen.

Der Krimi über die Entführung wird sechs Zeichnungen bekommen. Diese sollen aber schwarz-weiß bleiben. Aus dem Honorar für den Autor und Illustrator sowie den Kosten für Papier, Druckerei und vieles mehr setzen sich die Herstellungskosten eines Buches zusammen. Der Verlag weiß aus Erfahrung, dass er das Buch im Handel für 19,80 DM verkaufen kann. Würde das Buch 29,80 kosten, wäre es vielen Lesern zu teuer, sie würden es nicht kaufen. Bei einem Ladenpreis von 19,80 DM rechnet der Verlag damit, dass er den Roman ungefähr 6 000-mal verkaufen wird. Nun kann er sich ausrechnen, wie viel Geld er mit dem Buch verdienen wird.

Das Lektorat

Trotz aller Sorgfalt, mit der der Schriftsteller gearbeitet hat, enthält sein Text immer noch einige Fehler und Stellen, die man besser schreiben könnte. Deshalb wird das Manuskript jetzt zunächst von der Lektorin bearbeitet. Diese achtet darauf, dass der Text keine Rechtschreibfehler mehr enthält. Sie achtet aber auch auf stilistische Mängel und sucht nach Möglichkeiten, den Text noch weiter zu verbessern.

Stilistische Mängel sind zum Beispiel Wortwiederholungen. Wenn auf einer Seite zehnmal das Wort »hat« vorkommt, wird die Lektorin den Autor bitten, das zu ändern.

Bisher sieht der Text des Schriftsteller zwar schon sehr gut aus, die Lektorin hat aber doch noch einige Stellen entdeckt, die ihr nicht gefallen. Sie findet, dass einige Dialoge, das sind die Szenen, in denen Personen miteinander reden, noch lustiger sein könnten. Und eine Passage, aus der Mitte des Buches, hat sie nicht verstanden. Sie ruft den Autor an und redet mit ihm darüber. Dieser verspricht drei Dialoge noch einmal zu verbessern. Und über die Stelle aus der Mitte des Buches ist er selbst erschrocken. Da hat er beim Schreiben an seinem Computer etwas gelöscht und es nicht gemerkt, sodass nun drei Sätze fehlen. Deshalb ist der Text an dieser Stelle nicht zu verstehen. Auch das verspricht er zu ändern. Nun drängt natürlich die Zeit, denn der Zeichner, der die sechs Illustrationen zeichnen soll, möchte schon anfangen. Der Autor muss sich beeilen und die Änderungen in einer Woche erledigen. Er arbeitet schnell und das überarbeitete Manuskript kommt pünktlich im Verlag an. Die meisten Lektoren kennen mehrere Illustratoren, von denen jeder seine ganz eigene Art hat, ein Bild zu zeichnen. Viele Zeichner arbeiten, genau wie der Autor, freiberuflich für den Verlag. Die Lektorin ruft einen Illustrator an, dessen Zeichnungen ihr sehr gut gefallen und gibt ihm den Auftrag, sechs Illustrationen für den Krimi zu zeichnen. Beide sprechen noch darüber, was auf den Bildern zu sehen sein soll. Damit der Illustrator die Geschichte kennen lernt, schickt die Lektorin ihm das Manuskript.

In Sachbüchern kommen mehrere Zeichnungen, oft auch Fotos vor. Sehr oft ist es Aufgabe des Lektors, diese zu beschaffen. Hat ein Buch viele Bilder, kann das eine sehr umfangreiche Arbeit sein, und der Lektor muss gut darüber Bescheid wissen, wo er passende Fotos bekommt. Nicht selten stellt aber auch der Autor Fotos zur Verfügung.

Das Aussehen der Buchseiten: das Layout

Das Aussehen von Texten nennt man *Layout*. Das ist ein englisches Wort. Es heißt eigentlich Plan oder Grundriss. Jede einzelne Buchseite hat ein Layout, aber auch das ganze Buch. Das Layout ist wichtig, damit das Buch gut aussieht und leicht zu lesen ist.

Eine Seite im Buch sieht ganz anders aus, als eine Seite des Manuskriptes, das der Autor dem Verlag geschickt hat. Oft ist die Schrift anders als im Manuskript und die Überschriften sind größer. Auch der Rand ist größer und es werden vielleicht noch Bilder eingefügt. Die Arbeiten, die dafür sorgen, dass ein Buch sein späteres Aussehen bekommt, werden als Anfertigung eines Layouts bezeichnet. Erst wenn das geschehen ist, ist das Buch für den Druck vorbereitet. Der Schritt zwischen dem Manuskript des Autors und dem Druck kann auch als *Satz* bezeichnet werden. Man sagt, ein Buch *wird gesetzt*. Der Begriff des *Setzens* trifft heute eigentlich nicht mehr zu. Er stammt aus den Zeiten, als Bücher noch Zeile für Zeile aus Bleibuchstaben gesetzt wurden – so wie Gutenberg es erfunden hat. Auch wenn Bücher heute anders hergestellt werden, hat sich dieser Begriff erhalten. Wie aber wird heute der Text des Schriftstellers in die Buchschrift gebracht? Wie wird das Layout entwickelt?

Der Autor hat sein Manuskript auf einer Diskette abgeliefert. Nun wird der Text auf einen sehr leistungsfähigen Computer geladen. Auf diesem Computer befindet sich ein Programm, mit dem das Aussehen des Textes gestaltet wird, ein so genanntes *Desktop Publishing*- oder DTP-Programm. Befindet sich der Text auf dem Bildschirm im DTP-Programm, kann er jetzt sehr schnell und bequem gestaltet – oder layoutet – werden.

Aber wie soll der Text denn nun aussehen? Und wer bestimmt das? Dafür ist der Hersteller zuständig, der zuvor schon die Kalkulation gemacht hat. Der Hersteller kennt sich sehr genau mit Schriften, Papier, Druckereien und der Technik des Büchermachens aus. Er schlägt vor, welches Papier, welche Schriftart, welche Ränder das Buch haben soll. Dabei arbeitet der Hersteller ganz eng mit dem Lektor zusammen. In vielen Fällen bilden alle, die mit dem Buch zu tun haben, letztlich ein Team, wenn es um das Layout geht. Die Daten aus der Kalkulation müssen dabei aber natürlich alle eingehalten werden, denn die Herstellung des Buches darf nicht teurer als geplant werden, sonst verdient der Verlag nichts daran.

Bei der Gestaltung des Buches gibt es mehr Möglichkeiten, als du zunächst vielleicht denkst. Das fängt schon bei den Bildern an. Wenn ein Buch Bilder hat, macht es einen großen Unterschied, ob diese groß oder klein sind, ob sie am oberen Rand der Seite, in der Mitte des Textes oder unten stehen. Dann können Überschriften das Aussehen eines Textes sehr verändern – und natürlich die Schrift.

Die Schriftart bestimmt das Layout des Buches ganz wesentlich. Schrift ist nicht gleich Schrift, es gibt heutzutage so viele Schriften, dass wohl niemand mehr alle kennt. Viele Schriften sehen aber so merkwürdig aus, dass sie nur selten benutzt werden.

Das hier ist zum Beispiel Times Roman. Eine Schrift, die sehr oft in Büchern benutzt wird:

Es war einmal vor langer Zeit.

Diese Schrift gibt es eher selten in Büchern.
Sie heißt Zapf Chancery.

So entsteht ein Buch.

Andere bekanntere Schriften, die häufig in Büchern verwandt werden, sind Garamond,

So entsteht ein Buch.

Palatino

So entsteht ein Buch.

Bodoni

So entsteht ein Buch.

und New Century School Book.

So entsteht ein Buch.

Eine Schrift sollte gut lesbar sein. Sie muss ja, z. B. bei einem Roman, über viele Stunden von den Augen erfasst werden, ohne den Leser zu ermüden. Nur bei Überschriften, die nur aus wenigen Worten bestehen, darf sie etwas ungewöhnlicher sein.

Dann ist natürlich die Schriftgröße – auch *Schriftgrad* genannt – sehr wichtig. Sie wird nicht in Zentimetern oder Millimetern angegeben, wie du es vielleicht zunächst tun würdest, sondern in Punkt. Wobei ein *typografischer Punkt* – so ist das richtige Wort dafür – eine Größe von genau 0,375 Millimeter hat.

In Büchern besitzt die Schrift meist eine Größe von 9 oder 12 Punkt. Wie groß ist das?

Das sind 9 Punkt

Das sind 10 Punkt

Das sind 11 Punkt

Das sind 12 Punkt

Ein weiterer wichtiger Begriff ist der *Durchschuss*. Damit wird der Abstand zwischen den Zeilen eines Buches bezeichnet.

Als Beispiel soll der folgende Text mit großem, mittlerem und kleinem Durchschuss gezeigt werden:

Eines Morgens fand Lilli ein Hexenbuch neben ihrem Bett. Wie ist es da wohl hingekommen? Keine Ahnung. Lilli weiß nur, dass die schusselige Hexe Suruhunda Knorx das Buch aus Versehen liegen lassen hat. Und sie weiß, dass echte Zaubereien und wilde Hexentricks in dem Buch stehen. Einige davon hat Lilli schon ausprobiert.

Eines Morgens fand Lilli ein Hexenbuch neben ihrem Bett. Wie ist es da wohl hingekommen? Keine Ahnung. Lilli weiß nur, dass die schusselige Hexe Suruhunda Knorx das Buch aus Versehen liegen lassen hat. Und sie weiß, dass echte Zaubereien und wilde Hexentricks in dem Buch stehen. Einige davon hat Lilli schon ausprobiert.

Eines Morgens fand Lilli ein Hexenbuch neben ihrem Bett. Wie ist es da wohl hingekommen? Keine Ahnung. Lilli weiß nur, dass die schusselige Hexe Suruhunda Knorx das Buch aus Versehen liegen lassen hat. Und sie weiß, dass echte Zaubereien und wilde Hexentricks in dem Buch stehen. Einige davon hat Lilli schon ausprobiert.

Aus: KNISTER, Hexe Lilli

Durchschuss und Schriftgröße sind wichtig, weil sie festlegen, wie die Seiten eines Buches aussehen und wie viel Text auf eine Seite passt. Gleichzeitig beeinflussen sie auch die Lesbarkeit einer Seite. Große Schrift ist leichter zu lesen als kleine und auch der Durchschuss verbessert die Lesbarkeit.

Die bedruckte Fläche einer Buchseite nennt man *Satzspiegel.* Der Satzspiegel bestimmt die Anzahl der Zeilen und die Zeilenlänge und damit die Größe der Ränder auf einer Buchseite.

Was genau beim Layout geschieht, wird am besten deutlich, wenn man es sich einmal an einem Text ansieht.

So sieht das Manuskript aus, nachdem der Lektor es bearbeitet hat:

Bücher, die Gedichte enthalten, gehören
ebenfalls zur Belletristik, denn auch
Gedichte hat sich ein Autor ausgedacht.
Das ist bei Sachbüchern anders. In
diesen/keine erfundenen Geschichten
erzählt, sondern es werden Sachen oder
Ereignisse beschrieben, die es auf der
Welt gibt oder einmal gegeben hat. Das
Buch, das du in ~~der Hand~~ hältst, ist ein
Sachbuch. Schulbücher auch sind
Sachbücher. Sie beschreiben aber nicht
nur Dinge, sondern erklären sie auch so,
dass sie dem Lehrer bei seinem ~~seinem~~
Unterricht helfen.

Mithilfe des DTP-Programmes sieht der Text dann so aus:

> Bücher, die Gedichte enthalten, gehören
> ebenfalls zur Belletristik, denn auch Ge-
> dichte hat sich ein Autor ausgedacht. Das
> ist bei Sachbüchern anders. In diesen wer-
> den keine erfundenen Geschichten er-
> zählt, sondern es werden Sachen oder Er-
> eignisse beschrieben, die es auf der Welt
> gibt oder einmal gegeben hat. Das Buch,
> das du in den Händen hältst, ist ein Sach-
> buch. Schulbücher sind auch Sachbücher.
> Sie beschreiben aber nicht nur Dinge, son-
> dern erklären sie auch so, dass sie dem
> Lehrer bei seinem Unterricht helfen.

Vielleicht hat der Hersteller eine sehr schöne und sehr große Schrift gewählt, durch die das Buch jetzt mehr Seiten hat als geplant. Dadurch würde das Buch teurer. Genau das aber darf nicht passieren. Deshalb soll der Hersteller das Layout des Buches so verändern, dass die Kosten wieder sinken. Das ist kein Problem. Ein guter Layouter wird die Seitenzahl verringern, indem er einen kleineren Durchschuss zwischen den Zeilen wählt oder den Satzspiegel verändert. All diese Änderungen können am Bildschirm ganz bequem erledigt werden. Dazu muss der Hersteller nur wenige Mausklicks machen.

Nun wirst du vielleicht sagen: All das kann der Autor an seinem Computer auch selber machen. Genau das aber ist nicht möglich. Ein guter Layouter hat viele Jahre eine Hochschule besucht und besitzt viel Erfahrung im Gestalten von Texten. Er kennt viele Tricks, damit eine Buchseite gut aussieht und leicht zu lesen ist, auf die andere gar nicht kommen würden.

Handarbeit:
Wie Bücher früher hergestellt wurden

Es wurde schon gesagt: Der Begriff des Setzens trifft heute eigentlich auf die Herstellung von Büchern gar nicht mehr zu. Er hat seinen Ursprung in der Geschichte des Buchdrucks. Das gilt auch für andere Begriffe wie *Druckfahne* oder *Umbruch,* die heute noch verwendet werden. Du kannst sie nur verstehen, wenn du weißt, wie früher Bücher gemacht wurden. Das ist auch deshalb interessant, weil es auch heute noch Druckereien gibt, die mit älteren Satztechniken arbeiten.

Anders war früher schon die Arbeitsweise des Schriftstellers. Heute gibt es kaum noch einen Autor, der nicht an einem Computer schreibt. Noch in den 80-er Jahren haben viele Autoren ihre Werke mit einer Schreibmaschine verfasst. War das Manuskript fertig, sandte der Autor es an den Verlag. Den Text konnte er nicht auf einer Diskette speichern. Damals wollte natürlich, wie heute auch, jeder Schriftsteller seinen Text möglichst ohne Fehler, sauber getippt, an den Verlag schicken. Fand er bei den Korrekturarbeiten viele Fehler, musste alles noch einmal abgeschrieben werden. Nicht wenige Schriftsteller haben ihr Manuskript fünfmal oder sogar noch öfter abgeschrieben, bevor sie es an den Verlag schickten. Um dir vorzustellen, wie viel Arbeit das ist, denk einfach daran, wie dick viele Bücher sind.

Satz mit Bleilettern und einem Winkelhaken.

Im Verlag wurde das Manuskript nicht einfach mit einer Diskette in einen Computer geladen. Es musste in einem besonderen Arbeitsvorgang, dem »Setzen«, noch einmal abgeschrieben werden.

Bis vor ungefähr hundert Jahren arbeiteten die Setzer dabei so, wie es seit der Erfindung des Buchdruckes durch Gutenberg üblich war: Der Text des Schriftstellers wurde Buchstabe für Buchstabe mit der Hand gesetzt. Auf diese Weise entstand Zeile für Zeile ein Buch. Die einzelnen Buchstaben waren aus Blei. Der Setzer nahm sie jeweils mit einem Winkelhaken aus einem Schriftkasten, in dem sie für die Arbeit aufgereiht waren.

Das ging nun allerdings nicht so langsam, wie du dir das jetzt vielleicht vorstellst. Ein guter Schriftsetzer konnte immerhin 1600 Buchstaben in einer Stunde zusammenfügen. Er brauchte also etwas mehr als zwei Sekunden für einen Buchstaben oder ein Satzzeichen, das auch extra gesetzt werden musste. Bei seiner Arbeit hatte der Setzer dann das Manuskript vor sich liegen und daneben noch ein Blatt Papier, auf dem die Anweisungen des Herstellers für Schriftart, Schriftgröße, die Zeilenlänge und all die anderen Angaben für das spätere Aussehen des Buches standen. Für die nicht bedruckten Teile einer Buchseite verwendete der Schriftsetzer so genanntes Blindmaterial.

Zum Drucken wurden dann die hervorstehenden Bleibuchstaben mit Druckerschwärze eingefärbt und in einer Druckerpresse auf Papier gepresst. Hier entstand ein Abdruck der Schrift. Übrigens waren die Bleibuchstaben deshalb seitenverkehrt.

Nach dem Druck des Buches sortierten die Setzer die Bleibuchstaben wieder fein säuberlich in die Schriftkästen.

Das hat natürlich alles sehr lange gedauert. In der zweiten Hälfte des 19. Jahrhunderts gab es erste Verbesserungen. Es wurden Setzmaschinen entwickelt.

Jetzt konnten die Schriftsetzer den Text schon wie mit einer Schreibmaschine eintippen. Anschließend wurden alle Buchstaben einer Seite in Blei gegossen. Ein geübter Setzer schaffte nun 8 000 bis 10 000 Zeichen pro Stunde.

Eine Maschinensetzerei um 1963.

Der nächste Schritt kam in der Mitte des 20. Jahrhunderts mit der Einführung des Fotosatzes. Dieser bestimmte bis in die 80er-Jahre die Buchherstellung, bis das Desktop Publishing ihn zunehmend verdrängte. Auch beim Fotosatz wurde der Text zunächst über eine Tastatur erfasst. Die Anweisungen des Verlages wie Schriftgröße und Schriftart gab der Setzer dabei durch spezielle Befehle mit über die Tastatur ein. In der Satzmaschine erfolgte dann eine Belichtung des Textes auf Filmmaterial. Zuvor wurde der Text aber noch auf Papier ausgedruckt. Auf diesen Ausdrucken konnten noch nötige Korrekturen durchgeführt werden. Der Text auf den Ausdrucken sah schon so aus wie im späteren Buch, nur die Länge der Seiten – genauer gesagt die Höhe des Satzspiegels – entsprach noch nicht der späteren Buchseite. Der Text ging einfach weiter und die Ausdrucke waren sehr lang. Deshalb nannte man sie Druck-»fahnen«.

Gab es Korrekturen, tippte der Setzer diese wieder über die Tastatur ein. Anschließend konnte der Text auf Film ausgegeben werden. Jetzt folgte der Umbruch. Dabei wurde der »endlos lange« Text von den Druckfahnen geschnitten und so zusammengefügt, wie es für die Buchseiten geplant war.

Wenn Bilder vorgesehen waren, hielten die Setzer dafür zunächst den Platz frei. Das geschah deshalb, weil die Bearbeitung der Bilder in einem speziellen Verfahren erfolgte. Schließlich lagen auch die Bilder als Filme vor. Nun konnten sie in die zuvor freigelassenen Stellen eingebaut werden.

Bei einem Buch, das hauptsächlich aus Text bestand, war diese Arbeit nicht so schlimm. Wenn aber ein Buch sehr viele Bilder und dann auch noch sehr viele kleine Unterschriften für die einzelnen Illustrationen hatte, die auch wieder extra geschnitten werden mussten, sah eine Umbruch-Seite sehr schnell wie ein Flickenteppich aus, der sich aus sehr vielen großen und kleinen Filmschnipseln zusammensetzte. Meistens wurde von einer solchen Schnipselseite ein Negativ gemacht. Diese so genannte »seitenglatte Seite« diente dann als Vorlage für den Druck.

Auf der Jagd nach dem Fehler:
Korrekturen bei der Buchherstellung

Der Text, den der Hersteller heutzutage am Bildschirm sieht, hat schon dasselbe Aussehen wie im späteren Buch. Er enthält aber oft noch Fehler, die der Lektor übersehen hat oder die beim Layouten im Computer entstanden sind. Deshalb wird jetzt der Text zunächst mehrfach ausgedruckt und an den Lektor und den Autor versandt. Dieser Korrekturausdruck wird noch immer Druckfahne genannt, obwohl es eigentlich keine mehr ist. Autor und Lektor lesen die Seiten nun noch einmal sehr genau. Ein Abzug des Textes geht außerdem noch an einen Korrektor.

Der Korrektor ist darauf spezialisiert, in Texten Fehler zu finden. Er kennt die deutsche Rechtschreibung sehr genau. Trotzdem muss er oft auch – zum Beispiel bei besonders schwierigen Wörtern – im Wörterbuch nachgucken. Der Korrektor prüft jetzt diesen ersten Ausdruck des Buchtextes und notiert darauf alle Fehler, die er noch findet. Seine Notizen müssen später einmal die Mitarbeiter in einer Druckerei lesen können. Damit jeder, der damit zu tun hat, die Korrekturen lesen und verstehen kann, gibt es einheitliche Symbole, die jeder, der beruflich Texte schreibt und bearbeitet, kennt und benutzt. Auch der Lektor, der das Manuskript bearbeitet, benutzt diese Symbole (siehe Seite 53).

Alle Korrekturen werden nun in einem letzten Arbeitsgang eingebracht. Dabei muss der Hersteller auch auf Dinge achten, die teilweise recht seltsame Namen tragen. Oder kannst du dir etwas unter einem *Hurenkind* oder *Schusterjungen* vorstellen? Das sind genau festgelegte Begriffe, die bei der Herstellung eines Buches des Öfteren fallen und gar nicht so lustig sind, wie sie im ersten Moment klingen. So bezeichnet man als Hurenkind, wenn die letzte Zeile eines Absatzes ganz oben am Anfang einer Seite steht.

Das sieht dann so aus:

> zu interessieren.
> Er denkt: Diese Dialoge klingen derart falsch. Wie schlecht gespieltes Theater. Und diese fürchterliche Musik von Brahms! Das reinste Opfer, hier zu sitzen, wäre da nicht ihr Parfüm und das zarte Rascheln der Seide, meiner Seide an ihrem Hals . . . Mathieu, mein Freund, du wärst bereit

Ein Schusterjunge ist ein neuer Absatz, der am Seitenende beginnt. Auch so etwas sollte in keinem guten Buch zu finden sein. Er sieht folgendermaßen aus:

> Marine denkt: Jemanden lieben ist einfach. Aber wenn man nicht wiedergeliebt werden kann? Ihre Kehle ist wie zugeschnürt.
> Die Stimme aus dem Off sagt: »Man kann sich dem
>
> 54

In Büchern wirst du solche typografischen Fehler – so lautet der richtige Begriff dafür – nur sehr selten finden. In Zeitungen sieht das schon anders aus. Wenn du danach Ausschau hältst, kannst du mit ein bisschen Geduld in eurer Tageszeitung ab und zu Schusterjungen und Hurenkinder entdecken.

Sind bei unserem Roman alle Korrekturen des Autors, des Korrektors und auch der Lektorin in den Text eingebaut worden, ist dieser danach – hoffentlich – fehlerfrei. Noch aber kann man unsere Entführungsgeschichte nur auf dem Bildschirm sehen. Was muss passieren, damit sie gedruckt und damit schließlich zu einem Buch wird, das du in einer Buchhandlung bestellen kannst?

Der Text wird jetzt noch einmal ausgedruckt, diesmal auf Filmmaterial. Diesen Vorgang nennt man Belichtung. Wer beim Lesen aufgepasst hat, wird natürlich sofort gemerkt haben, dass genau diese Belichtung auf Film ein Arbeitsschritt ist, den es auch schon früher beim Fotosatz gegeben hat. Dieser Vorgang fällt tatsächlich beim heutigen Desktop Publishing genauso an wie früher. Auch das wird sich schon in ein paar Jahren ändern. Heute aber werden bei der Buchherstellung noch Seitenfilme hergestellt. Diese Filme sind eine Voraussetzung für den Druck des Buches. Bevor das geschieht, darf etwas ganz Wichtiges aber nicht vergessen werden: die Bilder.

Besondere Behandlung: Bilder in einem Buch

Mittlerweile hat auch der Illustrator seine Zeichnungen an den Lektor geschickt. Die Zeichnungen müssen nun – genau wie der Text – für den Druck vorbereitet werden. Dieses Verfahren heißt Reproduktion. Auch das geht heute sehr viel einfacher als noch vor einigen Jahren. Dazu werden die Bilder auf einen Scanner gelegt. Der Scanner tastet das Bild mithilfe von Lichtstrahlen ab und erstellt eine Kopie davon als Computerdatei. Dabei spielt es keine Rolle, ob das Bild – wie bei unserem Buch – schwarz-weiß oder ob es farbig ist, ob es sich um eine Zeichnung oder ein Foto handelt. Die Datei, die der Scanner von einem Bild anfertigt, kann dann beim Layout des Buches genau wie der Text in das DTP-Programm geladen werden. Der Hersteller hat jetzt den Buchtext als Computerdatei vorliegen und genauso die Bilder. Beide kann er mit nur wenigen Mausklicks auf dem Bildschirm so bewegen und hin- und herschieben, wie es ihm am besten gefällt und wie es den Vorgaben des Verlages entspricht.

Bei der Bearbeitung der Bilder gibt es aber eine Besonderheit. Die Drucktechnik ist nämlich nur in der Lage, einheitlich farbige oder schwarze Flächen oder Linien wiederzugeben sowie natürlich das genaue Gegenteil: einheitlich weiße Stellen. Bei einem Foto oder auch vielen Zeichnungen gibt es aber nicht nur klare Linien und weiße Flächen, sondern viele Abstufungen dazwischen. Ein Schwarzweißfoto besteht nicht nur aus Schwarz und Weiß, sondern enthält die unterschiedlichsten Grautöne. Um auch diese grauen Flächen im Buch abzubilden, muss deshalb ein »Trick« angewendet werden. Dazu wird es bei der Reproduktion in so genannte *Rasterpunkte* zerlegt. Früher legte man dazu ein feines Gitternetz über die Bilder. Heute wird im Computer »gerastert«. Liegen diese kleinen Punkte ganz dicht nebeneinander, sieht eine Stelle auf dem Bild schwarz aus. Je kleiner die Punkte sind und je weiter sie auseinander liegen, umso heller erscheint die Fläche in dem Bild. Die Punkte sind so klein, dass du sie beim Betrachten eines Buches oder der Bilder in einer Zeitung nicht siehst. Wenn du aber eine Lupe nimmst und dir damit Zeitungs- oder Buchbilder betrachtest, kannst du die Punkte erkennen.

Die Punkte sind auf dem Filmmaterial, das dann anschließend für den Druck verwendet wird, bereits zu sehen und werden beim Scan-

Rasterpunkte in einem Schwarz-weiß-Foto.

verfahren erzeugt. Farbfotos rastert man im Prinzip genauso. Auch hier setzt sich das Bild anschließend aus vielen großen und kleinen Punkten zusammen. Neben schwarzen Punkten werden auch rote, blaue und gelbe hergestellt und anschließend zusammen belichtet. Für jede Farbe wird dabei ein eigener Film benötigt. Später beim Drucken werden die einzelnen Farben dann nacheinander auf das Papier gebracht, erst die gelbe, dann die rote und die blaue. Dabei entstehen dann alle weiteren Farben durch die Mischung dieser Grundfarben.

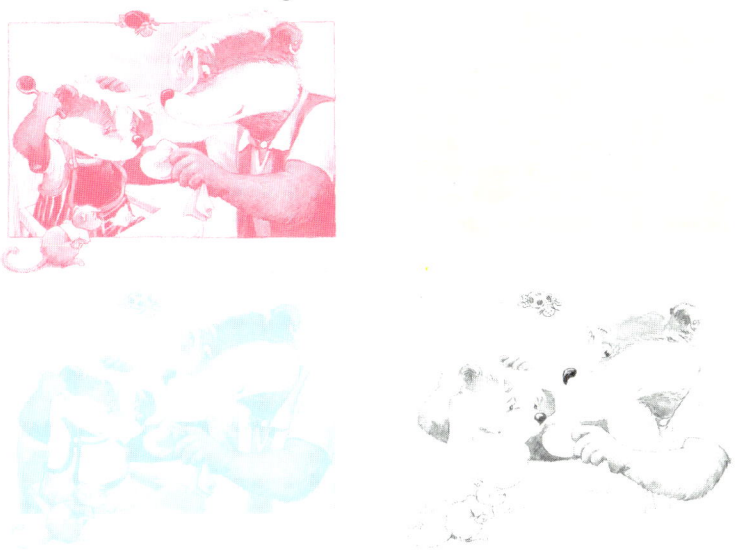

Rot, Gelb, Blau, Schwarz: Die Farben in einem Vierfarbdruck.

Blickfang: Titel und Untertitel

Während Text und Bilder bearbeitet werden, haben sich im Verlag die Lektorin, der Verleger und einige andere Mitarbeiter Gedanken über den Titel des Buches gemacht. Diesen bestimmt selten der Autor. Zwar schlägt er oft einen Titel vor, aber die Entscheidung darüber wird im Verlag getroffen, denn dort weiß man am besten, mit welchem Titel das Interesse beim Leser geweckt werden kann. Das nämlich ist eine wichtige Aufgabe des Titels. Er soll denjenigen, der ein Buch betrachtet, dafür interessieren. Die Mädchen und Jungen, die ein Buch in der Buchhandlung anschauen, sollen richtig Lust bekommen, darin zu blättern. Der Titel hat aber noch eine andere Aufgabe. Er muss zusätzlich auch den Inhalt des Buches widerspiegeln.

Wie man es nicht machen soll, hat um 1920 in München einmal ein Zeitungsverleger vorgeführt. Er brachte eine Zeitung mit dem Titel »Jedermann sein eigener Fußball« heraus. In der Zeitung stand aber gar nichts über Fußball. Darauf angesprochen, erklärte der Verleger, das sei ihm egal. Er habe nur die Menschen für sein Blatt anlocken wollen. Und für Fußball interessiere sich jeder. Er hatte kein Glück mit seiner Idee. Die erste Ausgabe der Zeitung blieb auch die letzte. Dann musste er das Erscheinen schon wieder einstellen.

Ein Titel sollte also schon etwas über den Inhalt aussagen. Auch dabei kann man es aber übertreiben. So hieß ein Buch des Schriftstellers Georg Friedrich Daumers: »Kaspar Hauser, sein Wesen, seine Unschuld, seine Erduldungen und sein Ursprung in neuer gründlicher Erörterung und Nachweisung«. Das erschien manchen ein bisschen lang.

Der Titel für das Buch über die Entführung ist nicht so lang geworden. Es dauerte eine ganze Weile, dann stand es fest. Das Buch soll »Das Geheimnis des Bernsteinzimmers« heißen. Darunter wird stehen: »Die Geschichte einer Entführung«. Das ist der *Untertitel* des Buches. Aus dem Untertitel kannst du häufig schon erkennen, um was für ein Buch es sich handelt, ob um einen Roman, ein Sachbuch, ein Bastelbuch oder eine Geschichtensammlung.

Beispiele für Titel und Untertitel:

Giganten der Lüfte
Das große Buch der Flugsaurier

Vampire
und
Gespenster

Ein Mitmachbuch für Gruselfreunde
von Jutta Radel

Mit Illustrationen von
Angela Weinhold

Fett und Wasser: Wie Bücher gedruckt werden

Der Hersteller hat die Buchseiten bisher hauptsächlich auf dem Bildschirm seines Computers gesehen und dort verändert. Einige Male wurden die Seiten auch auf Papier ausgedruckt, um darauf die Korrekturen vorzunehmen. Sind all diese Arbeiten abgeschlossen, erfolgt der endgültige Ausdruck der Seiten. Dieses Mal aber nicht auf Papier, sondern auf Film. Die Buchstaben und Bilder stehen nun schwarz auf dem transparenten Filmmaterial. Die Filme dienen als Basis für den Druck des Buches in der Druckerei.

Für Bücher ist vor allem der so genannte *Flach- oder Offsetdruck* wichtig, denn mit dieser Methode werden fast alle Bücher hergestellt. Zunächst einmal wird nicht jeder Seitenfilm einzeln gedruckt, sondern meistens die Filme von 16 Seiten zu einem so genannten Druckbogen zusammenmontiert. Die *Montage* geschieht in der Montageabteilung der Druckerei.

Auf einem Leuchttisch werden die Filme der Buchseiten zu einem Druckbogen montiert.

Ist die Montage abgeschlossen, werden die montierten Seitenfilme auf eine *Druckplatte* aufgebracht. Druckplatten bestehen aus Metall, sind biegsam, sehr dünn (0,1 bis 0,5 mm) und mit einer lichtempfindlichen Oberfläche versehen. Die montierten Filme werden ganz fest auf die lichtempfindliche Schicht der Druckplatte gepresst. Ist das geschehen, werden Druckplatte und Film mit ultraviolettem Licht angestrahlt. UV-Licht ist auch im normalen Sonnenlicht enthalten. Wenn du zu lange in der Sonne liegst, bekommst du durch die UV-Strahlung einen Sonnenbrand. Dieses Licht kann auch künstlich erzeugt werden. In der Druckerei fällt die UV-Strahlung durch den Film auf die Metallplatte mit ihrer lichtempfindlichen Schicht. Sie dringt aber durch den Film hindurch, wo keine Buchstaben oder Punkte sind.

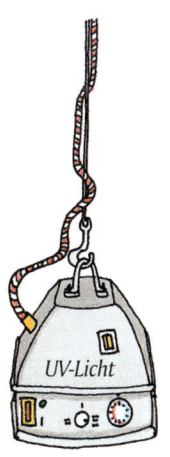

Die Druckplatte wird mit UV-Licht belichtet.

Überall dort aber, wo Licht hindurchgestrahlt ist, zerstört dieses die Kopierschicht. Auf der Druckplatte entsteht so ein Abbild des Filmes. Nach der Entwicklung der Platte werden die verbleibenden Stellen der lichtempfindlichen Schicht, das sind jetzt die Buchstaben und Bildpunkte, gehärtet und so behandelt, dass sie fett- und damit farbanziehend sind. Die vom Licht zerstörten Teile der Schicht wäscht man weg. Hier liegt das Metall nun offen. Es wird so präpariert, dass es wasserfreundlich ist. Warum macht man das?

Das Grundprinzip, das dahinter steckt, ist ganz einfach. Wie du bestimmt weißt, stoßen sich Fett und Wasser ab und können nicht miteinander vermischt werden. Wenn du zum Beispiel deine Lederschuhe gut putzt, nimmst du dazu Schuhcreme.

Diese besteht aus Fett. Träufelst du auf die frisch geputzten Schuhe Wasser, perlen die Tropfen ab.

Beim Offsetdruck wird auf die Druckplatte Farbe aufgetragen. Die Farbe ist fetthaltig und stößt damit Wasser ab. Auf der anderen Seite kann an allen Stellen auf der Druckplatte, auf denen sich Wasser

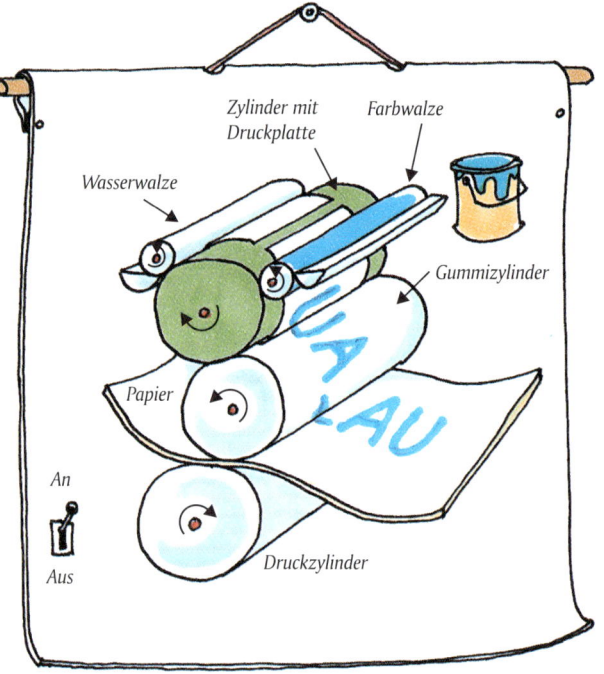

Detail einer Druckmaschine

befindet, kein Fett – also keine Farbe – haften. Und weil das so ist, wird überall dort, wo Buchstaben stehen sollen, Farbe auf die Druckerplatte aufgetragen. Überall dort, wo nichts stehen soll, wo das Papier auf den Seiten im späteren Buch also weiß bleibt, wird Wasser aufgetragen.

Zunächst bauen die Drucker die dünne und biegsame Druckplatte aber in die Druckmaschine ein. Hierzu wird sie auf einen großen runden Zylinder gespannt, der sich anschließend in der Maschine dreht. Pro Stunde rotiert der Zylinder dabei je nach Maschine mit 2 000 bis 10 000 Umdrehungen. In der Maschine befinden sich Wasserwalzen, durch die ständig etwas Feuchtigkeit auf die Druckplatte gelangt – aber nur auf die Wasser anziehenden Teile. Außerdem drehen sich in der Druckmaschine Farbwalzen, durch die fortwährend eine neue, hauchdünne Farbschicht auf die dünne, rotierende Druckplatte aufgetragen wird. Die Farbe gelangt aber nur auf die Fett anziehenden Teile der Druckplatte, also die Buchstaben, Worte und Sätze des Textes. Ganz dicht neben dem Zylinder mit der Druckplatte dreht sich ein weiterer Zylinder mit einem Gummituch. Hierauf erfolgt nun ein Abdruck der Farbe vom ersten Zylinder. Dieser Abdruck ist seitenverkehrt. Auch der Gummituchzylinder rotiert sehr schnell. Er hat wiederum ebenfalls auf der anderen Seite einen Zylinder als direkten Nachbarn: den eigentlichen Druckzylinder. Mit jeder Umdrehung führt dieser Zylinder ein neues Blatt Papier heran. Und mit jeder Umdrehung wird hierauf jetzt die dünne Farbschicht des Gummituchzylinders übertragen. Am Ende der Umdrehung folgt der Ausstoß des bedruckten Papiers aus der Druckmaschine. Ein neuer, noch unbedruckter Bogen wird eingeführt.

Mit einer Druckplatte kann immer nur eine Farbe zurzeit gedruckt werden. Soll ein Buch bunt sein, also mehrere Farben haben, ist das Prinzip dasselbe, nur nimmt man dann mehrere Druckplatten. Von der einen Platte wird dann schwarz gedruckt, von einer zweiten kommt die rote Farbe, von einer weiteren die gelbe und von der vierten schließlich die blaue. Die Farben werden dabei hintereinander auf das Papier gedruckt.

Beim Vierfarbdruck arbeiten vier Farbwerke hintereinander.

Manche Druckmaschinen sind sehr groß, besonders die, auf denen Zeitungen gedruckt werden. Eine Höhe von drei bis vier Stockwerken und eine Länge von einigen dutzend Metern sind nichts Ungewöhnliches. Das Gewicht einer solchen Maschine beträgt dann über 700 Tonnen. Das entspricht dem Gewicht von 144 Elefanten. Das Pa-

pier läuft dabei mit einer Geschwindigkeit von 32 km/h durch die Maschine. In einer Stunde können 120 000 Zeitungen gedruckt werden, von denen jede 48 Seiten hat. Verwendet wird dabei Rollenpapier, das zum Beispiel direkt aus einem Lager im Keller in die Maschine eingespeist wird. Buchdruckmaschinen sind meistens nicht ganz

Eine große Druckmaschine mit vier Farbwerken.

so beeindruckend. Eine normale Maschine leistet 8 000 Drucke in der Stunde. Da jeder Druckbogen 16 Seiten umfasst, schafft die Druckmaschine in diesem Fall also 128 000 Buchseiten. Je nach Maschinentyp finden Papierbögen oder Rollenpapier Anwendung.

Ein Buch wird häufig mit einer ersten Auflage von 5 000 Exemplaren »aufgelegt«. Das bedeutet, dass jede Buchseite 5 000-mal gedruckt wird. Viele Bücher haben auch sehr viele höhere Auflagen, zum Beispiel 7 500 oder 10 000 Stück. Die werden dann in wenigen Tagen in der Druckerei produziert. Wenn ein Buch 500 Seiten hat und von jeder Seite 10 000 Exemplare gedruckt werden, kannst du dir vorstellen, welche riesigen Papiermengen eine Druckerei verarbeitet. Dabei solltest du bedenken, dass große Druckereien nicht nur ein Buch, sondern oft viele gleichzeitig herstellen. Aus diesem

Papierlager einer Druckerei.

Grund haben Druckereien auch große Lager, in denen riesige Mengen von Papier auf die Verarbeitung warten.

Wenn man jetzt einmal über den ganzen Weg des Textes vom Autor über das Layout bis zum Druck nachdenkt, fällt eines auf: In den vergangenen Jahren ist die Arbeit mit dem Computer bei der Buchherstellung immer wichtiger geworden. Dabei wird der Text im Grunde schon von einem Computer zum nächsten weitergegeben. Der Autor schreibt an einem Computer und auch beim Layout befindet sich der Text in einem PC. Ausgedruckt wird der Text nur noch zur Kontrolle und für Verbesserungen und Korrekturen. Diese Arbeiten sind auf Papier einfach angenehmer zu erledigen. Nur kurz vor dem Drucken, dann wenn die Druckplatten hergestellt werden, wird die Weitergabe des Textes von einem Computer zum nächsten beendet und die Buchseiten, so wie früher, auf Filmmaterial belichtet. Muss das eigentlich noch sein? Wenn du darüber nachdenkst, wirst du schnell merken, dass das unnötige Zeit und Geld kostet. Der Druck wäre doch sehr viel einfacher und billiger,

wenn man keine Filme mehr bräuchte und kein UV-Licht, mit dem
der Text auf die lichtempfindlichen Druckplatten gebracht würde.
Man könnte die teuren Filme sparen und die zeit- und arbeitsinten-
siven Montagearbeiten. Das ist natürlich auch schon vielen Fach-
leuten in den Druckereien und Verlagen eingefallen. Und tatsächlich kann man heute schon die Buchseiten direkt vom Computer
des Herstellers auf die Druckplatte bringen, ohne dass noch eine
Belichtung auf Filmmaterial erfolgt. Dabei werden die Texte mit einem Laserstrahl auf die Druckplatte aufgebracht. Dieses Verfahren
heißt *Computer to plate.* Es wird schon von einigen Druckereien an-
geboten, kommt aber noch eher selten vor. Schon jetzt aber ist ab-
zusehen, dass es in einigen Jahren völlig normal sein wird.
Neben dem Flach- oder Offsetdruck gibt es noch andere Druckver-
fahren. Eine ist der *Hochdruck.* Wie er funktioniert, kannst du gut
sehen, wenn du dir einen Stempel betrachtest. Die Stellen, die der
Stempel auf Papier wiedergeben soll – also zum Beispiel die Buch-

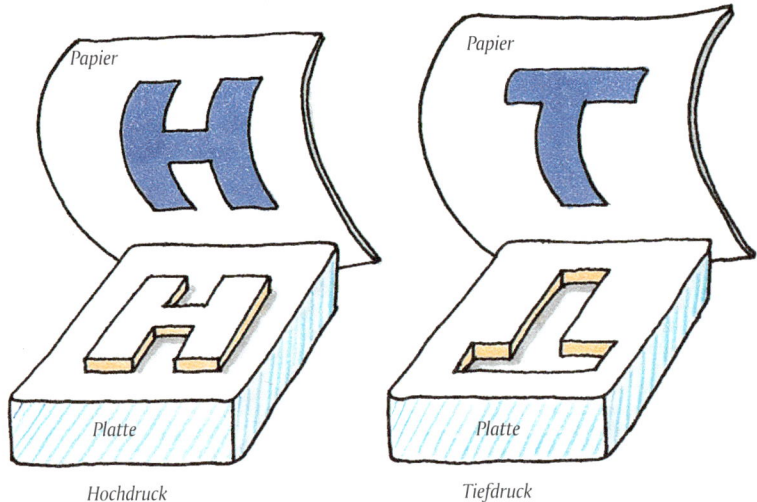

Hochdruck   *Tiefdruck*

staben deines Namens –, stehen hervor. Drückt man den Stempel auf ein Stempelkissen, nehmen nur die hervorragenden Teile Farbe an, die zurückstehenden Flächen nicht. Wenn du den Stempel anschließend auf Papier presst, wird dort natürlich nur das abgedruckt, wo vorher die Farbe drauf war. Nach diesem Prinzip funktioniert der Hochdruck. Auch beim Hochdruck erfolgt die Herstellung der Druckplatten durch Vorlagen aus Filmmaterial. Hierbei sind die Druckträger aber aus anderem Material als beim Offsetdruck. Bei der Belichtung durch das Filmmaterial werden wieder die Stellen der Druckplatte vom Licht unterschiedlich stark getroffen. Dort, wo Licht hinstrahlt, wird das Spezialmaterial der Druckplatte gehärtet. Die von der Belichtung nicht gehärteten Stellen werden anschließend ausgewaschen. Auf der Druckplatte bleiben die harten Flächen zurück. Diese stehen nun hervor und können – wie beim Stempel – die Farbe aufnehmen. Auch die Bleibuchstaben, mit denen Gutenberg seine ersten Bücher druckte, standen hervor und nahmen dadurch die Farbe auf. Sie gehören damit ebenfalls zum Hochdruck.

Mit dem Bleisatz wurden nach Gutenberg viele Jahrhunderte lang Bücher gedruckt. Heute wird diese Technik nur noch selten eingesetzt. Sie ist zu teuer. Das gilt auch für den *Tiefdruck,* eine andere Druckmethode. Diese funktioniert zum Hochdruck genau umgekehrt. Beim Tiefdruck liegen die zu druckenden Teile tiefer als der Rest einer Seite. Das, was nicht gedruckt werden soll, steht über und wird sorgfältig gereinigt. Der Druck erfolgt auf besonders saugfähigem Papier, das unter Druck die Farbe aus den Vertiefungen aufnimmt.

Mit Klebstoff oder Faden: Das Binden der Bücher

Falzen der Bögen:

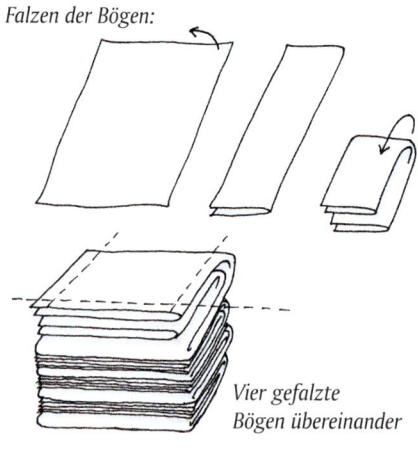

Vier gefalzte
Bögen übereinander

Jetzt sind die Buchseiten gedruckt. Noch liegen sie jedoch nur als lose Bögen und nicht als gebundenes Buch vor. Die dazu nötigen Arbeiten nimmt die Buchbinderei vor, die der Druckerei angeschlossen ist. Zunächst wird jeder Bogen, der ja in unserem Fall immerhin 16 Seiten umfasst, so gefaltet, dass die Reihenfolge der Seiten stimmt. Das nennt man falzen. Der Buchbinder benutzt dafür eine Falzmaschine. Werden die gefalzten Bögen jetzt übereinander gelegt, ergeben sie einen Buchblock, bei dem die Seiten schon dieselbe Reihenfolge wie im späteren Buch haben.

Jetzt müssen die Seiten dieses Buchblockes aber natürlich noch miteinander verbunden werden. Dafür gibt es mehrere Möglichkeiten.

Bei Büchern, die nicht so teuer sein dürfen, kommt die *Klebebindung* zum Einsatz. Der Buchblock wird an einer Längsseite aufgeschnitten und die Seiten werden dann miteinander verleimt.

Die anderen drei Seiten des Buchblocks werden nun aufgeschnitten, denn noch hängen die 16 Seiten, die auf einem Bogen waren, ja zusammen. Erst wenn geschnitten wurde, können die Seiten des Buches aufgeschlagen werden.

Eine andere Technik für die Verbindung der einzelnen Seiten ist die *Fadenheftung*. Dabei werden die einzelnen Bögen des Buchblockes an

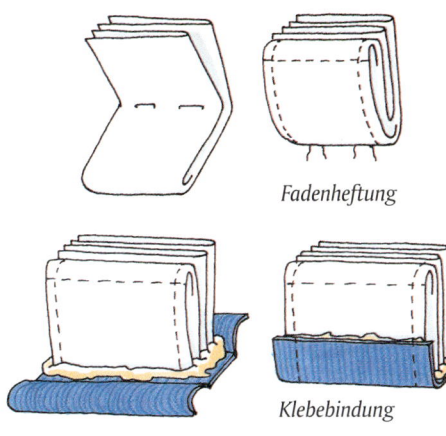

Fadenheftung

Klebebindung

einer Seite durch Fäden miteinander verbunden. Die Fadenheftung ist am haltbarsten. Sie bietet die beste Qualität. Gleichzeitig kostet sie aber auch am meisten. Natürlich wird auch hierbei der Buchblock an den anderen Seiten aufgeschnitten.

Jetzt braucht das Buch noch einen Einband. Handelt es sich um ein Hardcover-Buch, besteht der Einband aus Leinen, Kunststoff, Pappe oder sogar Leder und wird mit dem Buchblock verleimt. Zum Schluss wird ein Schutzumschlag aus Papier um das Buch gelegt. Bem Taschenbuch leimen die Buchbinder den Buchblock schon bei der Klebebindung mit dem flexiblen Umschlag zusammen.

In dieser Maschine werden Schutzumschläge automatisch um das Buch gelegt.

Aus alten Lumpen besonders wertvoll: Die Herstellung von Papier

Ohne Papier gäbe es keine Bücher. Wenn heute in einem Land wie Deutschland alle Menschen lesen können, liegt das zu einem großen Teil an der Erfindung des Buchdruckes durch Gutenberg. Dadurch konnten Bücher auf einmal viel günstiger als zuvor in großen Stückzahlen hergestellt werden. Bücher waren nicht mehr nur etwas für reiche Leute oder für Mönche. Plötzlich gab es viele Bücher, und es lohnte sich für immer mehr Menschen, lesen zu lernen. Vor der Erfindung des Buchdruckes konnten das nur wenige. Und auch danach dauerte es noch lange, bis die Kunst des Lesens und des Schreibens zu etwas ganz Selbstverständlichem wurde, das jeder beherrschte. Nicht weniger wichtig als die Erfindung des Buchdrucks war, dass es Papier gab, auf dem die Bücher mit der neuen Technik gedruckt werden konnten.

Was ist eigentlich Papier? Und wie wird es produziert? Früher wurde Papier aus Hadern, das sind Lumpen aus Leinen oder Baumwolle, hergestellt. Heute verwendet man Hadern nur noch für hochwertige Papiere, z. B. für Geldscheine. Das Papier, auf dem Bücher gedruckt werden und auf dem du schreibst, wird aus Faserstoffen, Wasser und verschiedenen Hilfsstoffen fabriziert. Die Faserstoffe machen ungefähr 70 Prozent des Papiers aus. Es gibt verschiedene Materialien, die als Faserstoff für die Papierherstellung dienen können. Von ihrer Auswahl hängt ganz wesentlich die Qualität des Papiers ab. Wichtige Fasern für die Papierherstellung stammen aus dem Holz von Nadelbäumen, aus Altpapier, Stroh, Schilf und Gräsern. Papierfachleute teilen die Faserstoffe für Papier noch etwas anders ein. Sie nennen als Grundstoffe *Altpapier, Holzschliff* und *Zell-*

stoff. Die Herstellung von Holzschliff wurde 1841 von Friedrich Gottlob Keller entwickelt. Er entfernte die Rinde von Nadelholzbäumen – vor allem Fichten – und schliff sie unter der Zugabe von Wasser. Noch heute spricht man davon, dass Papier in einer Papiermühle hergestellt wird. Das Ergebnis sind sehr feine Holzstückchen und -fasern, die dann als Rohstoff für die eigentliche Papierproduktion dienen. Wenn Papier aus Holzschliff hergestellt wurde, bezeichnet man es als holzhaltiges Papier. Es enthält noch Holzsplitterteile und Harze. Bei einem sehr günstigen Preis ist es nicht sehr reißfest und vergilbt schnell. Es wird meistens für kurzlebige Zwecke verwandt. Viele Zeitungen werden auf Papier aus Holzschliff gedruckt.

Zellstoff kann aus verschiedenen Ursprungsstoffen stammen. Sehr oft ist seine Basis aber auch Holz, das nur bei der Zellstoffherstellung anders behandelt wird als bei der Herstellung von Holzschliff. Man kann aber auch andere Zellstoffe wie zum Beispiel Gräser oder Schilf verwenden. Der geschnitzelte Rohstoff wird zunächst gekocht. Unter hohem Druck werden dabei Chemikalien zugegeben, das Material wird gefärbt und gebleicht. Zellstoff dient als Rohstoff für die Herstellung von so genanntem holzfreien Papier. Der Begriff stimmt natürlich eigentlich so gar nicht, denn auch dieses Papier wurde oft zu einem Großteil aus Holz hergestellt. Es enthält aber keine Holzteilchen und Harze mehr. Papier, das man aus Zellstoff fertigt, ist heller und reißfester als Papier aus Holzschliff. Die Herstellung ist sehr giftig. Besonders das Bleichen, das früher mit giftigem Chlorgas durchgeführt wurde, ist belastend für die Umwelt. Seit die Menschen stärker auf den Umweltschutz achten, nehmen immer mehr Papierfabriken umweltunschädlicheren Sauerstoff zum Bleichen.

Altpapier ist der dritte wichtige Rohstoff für die Papierherstellung. Recyclingpapiere werden ganz aus Altpapier hergestellt. Aber auch Papiere aus Holzschnitt oder Zellstoff enthalten oft kleinere Mengen von Altpapier. Um aus altem Papier neues herzustellen, muss dieses zunächst vorbereitet werden. Dazu wird es mit Wasser eingeweicht und zerfasert. Fremdstoffe wie Briefklammern, aber auch Farbe, werden herausgelöst. Bei echtem Umweltschutzpapier verzichtet man auf das Bleichen und Färben. Das Papier wird für kurzlebigere Druckwaren bis hin zu Zeitschriften verwendet. Bei Büchern findet man es selten. Recyclingpapier sieht oft leicht gräulich oder bräunlich aus, weil man hier aus Umweltschutzgründen auf das Bleichen verzichtet. Außerdem ist es nicht so strapazierfähig und reißfest wie die anderen Papiere, da sich bei der Aufbereitung viele Fasern verkürzen oder brechen.

Was geschieht nun weiter? Bisher wurden Holzschliff, Zellstoff oder eingeweichtes Altpapier hergestellt. Diese Faserstoffe werden in der Stoffzentrale der Papierfabrik mit großen Mengen Wasser vermengt. Es folgt die Zugabe der verschiedensten Hilfsstoffe wie kleinerer Mengen von Farbstoffen, Aufheller oder Füllstoffe und – das ist ganz wichtig – Leimstoffe. Füllstoffe gleichen im späteren Papier Unebenheiten aus. Leimstoffe verkleben die Fasern. In der Vergangenheit wurde dafür eine so genannte Stoffleimung benutzt. Dabei bestanden die Leime aus einer Harzbasis mit Alaun. Das ist ein Salz, das schon die alten Ägypter kannten. Erst vor einigen Jahren hat man festgestellt, dass Bücher mit einer solchen Stoffleimung auf dem Papier nicht älter als 100 Jahre werden können. Sie vergilben und fallen irgendwann auseinander. Das geschieht, weil die Stoffleimung unter Einwirkung von Staub, Schmutz und Feuchtigkeit zu Schwefelsäure zerfällt. Das ist bei vielen alten Büchern der Fall, die heute in den Regalen stehen. Man kann sie nicht, wie die auf Pergament oder Hadernpapier gedruckten Bücher, noch nach hunderten von Jahren lesen. Seit man darüber genauer Bescheid weiß, werden viele Bücher mit einer anderen Leimung versehen, sodass sie langlebiger sind. Solche Papiere werden als säurefrei bezeichnet, während der andere Typ von Papier aus Zellstoff säurehaltig genannt wird. Papier aus Holzschliff hat ohnehin keine lange Lebensdauer. Es enthält noch viele Stoffe, die ebenfalls Säure bilden und zum Zerfall des Papiers führen.

Der aus dem Faserstoff, den Hilfsmitteln und vor allem dem Wasser entstandene Brei wird unter Druck auf eine laufende Siebanlage gepresst. Das Wasser läuft dabei durch das Sieb ab, die Fasern bleiben darauf liegen und richten sich nach der Laufrichtung aus. Die Masse trocknet und wird fester. Ein Blatt Papier entsteht. Die laufende Maschine befördert das Material weiter, zunächst über Walzen, die eine Temperatur von 120 Grad Celsius haben. Hier verdunstet noch vorhandenes Wasser, bis ein Trockenzustand von 94 bis 96 Prozent erreicht ist. Normales Papier enthält also noch vier bis sechs Prozent Wasser als Restfeuchtigkeit.

Anschließend wird die Papierbahn aufgerollt oder zu Bögen geschnitten und zu Paketen abgepackt. Beides – Pakete und Rollen – können jetzt mit der Eisenbahn oder mit dem Lastwagen an die Druckerei geliefert werden. Dort entsteht aus den Bögen ein neues Buch.

Bei den einzelnen Papiersorten gibt es große Unterschiede, je nach Einsatzzweck und danach, ob es sich um gutes oder weniger gutes Papier handelt. Vielen Begriffen wirst du immer wieder begegnen – in Büchern oder auch so, wenn du Papier in einem Schreibwarenladen kaufst.

Aufbau einer Papiermaschine

Schneidemaschine

Trocke...
walze

Papierbogen

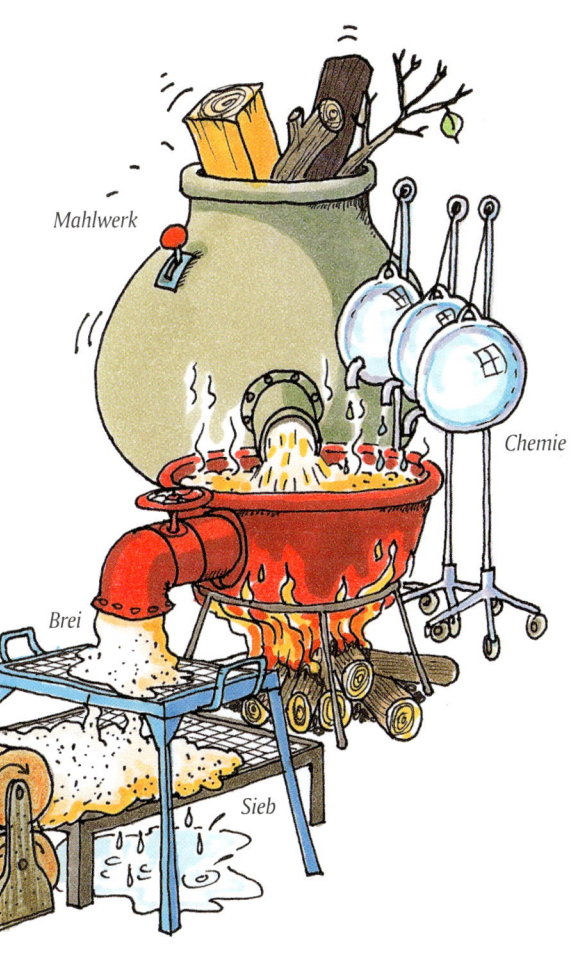

Mahlwerk

Chemie

Brei

Sieb

Zunächst: Das Gewicht von Papier ist eine wichtige Kennzahl. Es wird in Gramm (g) pro Quadratmeter (qm) angegeben. Normales Schreibpapier hat meistens 80g/qm. Computerdrucker können Papier bis ungefähr 130 g/qm verarbeiten. Anschließend wird das Papier für sie zu dick und zu schwer. In Büchern wird üblicherweise Papier mit ungefähr 120 g/qm verwandt. Das Papier von Zeitungen und Zeitschriften ist sehr viel leichter. Von Karton spricht man bei einem Gewicht von 150 bis 600 g/qm, von Pappe ab 600 g/qm.

Auf dem Weg zum Leser:
Vertrieb, Auslieferung und Marketing

Den Roman über die Entführung kannst du bald in jeder Buchhandlung kaufen. Bis es so weit ist, leistet der Verlag noch jede Menge Arbeit, an die du vielleicht im Moment gar nicht denkst, die aber trotzdem zur Arbeit eines Verlages gehört. Die Rede ist vom *Vertrieb,* der *Werbung* und der *Presseabteilung.* Ohne diese Tätigkeiten des Verlages würdest du wahrscheinlich nicht erfahren, dass es überhaupt einen neuen spannenden Roman über eine Entführung gibt oder ein Sachbuch über Flugzeuge. Und auch die Buchhändler würden sich nicht für den Verlag und seine Bücher interessieren. Aber der Reihe nach. Zunächst einmal ist es möglich, dass der Verlag ein Buch direkt an deine Buchhandlung liefert. Meistens wird ein Buch aber über einen Großhändler ausgeliefert. Diese Form des Großhandels im Buchbereich heißt *Barsortiment.* Das Barsortiment kauft die Bücher von den Verlagen auf und verkauft sie an die Buchläden weiter.

Für den Buchhändler in deinem Ort hat diese Auslieferung einige Vorteile. Wenn er Bücher aus verschiedenen Verlagen bestellen möchte – und das kommt oft vor –, kann er sich an ein Barsortiment wenden und bekommt von diesem alle Bücher mit einer Lieferung. Würde er alle Verlage einzeln ansprechen, hätte er jeden Tag sehr viel mehr zu tun. Und außerdem liefern die Barsortimente sehr schnell. Fast jedes Buch kommt schon einen Tag nach der Bestellung im Buchladen an. Damit ein Buch aber bestellt wird, müssen der Leser und der Buchhändler zunächst einmal erfahren, dass es das Buch überhaupt gibt. Das ist nicht so selbstverständlich und einfach, wie es zunächst klingt. Denn immerhin erscheinen allein in Deutschland

Bevor die Bücher in die Buchhandlungen ausgeliefert werden, werden sie in diesen Hochregallagern gelagert.

in jedem Jahr 70 000 neue Bücher. Auch wenn jeder Buchhändler daran interessiert ist, besonders schöne und neue Bücher in seinem Geschäft zu verkaufen, kann er nicht jedes dieser 70 000 Bücher darauf prüfen, ob es gut in seinen Laden passen würde. Gleichzeitig versuchen die meisten Verlage, auf ihre neuen Bücher besonders hinzuweisen. Eine ganz wichtige Hilfe sind dem Verlag dabei die Vertreter. Das sind Frauen oder Männer, die für den Verlag arbeiten und in seinem Auftrag die Buchhandlungen besuchen. Hier reden sie mit dem Buchhändler und stellen ihm den Verlag und seine neuesten Bücher vor. Klar, dass sich diese Vertreter ständig auf Reisen befinden. Vertreter werden auch als Außendienst bezeichnet. Sie besuchen am Tag sehr viele Buchhandlungen.

Ein- oder zweimal im Jahr veranstalten viele Verlage Vertreterkonferenzen. Da kommen dann alle Vertreter und Mitarbeiter des Verlages zusammen und besprechen die neuen Buchprojekte. Die Lektoren berichten von geplanten Büchern und informieren die Vertreter über die Besonderheiten. Für die Vertreter sind das wichtige Argumente, die ihnen später bei den Gesprächen mit den Buchhändlern helfen. Auf der anderen Seite kennt wohl niemand das aktuelle Geschehen, die neuesten Trends in den Buchläden so gut wie der Außendienst. Darüber können sie wiederum die Lektoren informieren, die dadurch wichtige Tipps für die Planung des zukünftigen Buchprogrammes bekommen. Schon so manches neue Buch ist entstanden, weil ein Buchvertreter eine entsprechende Idee hatte.

Dann werben Buchverlage natürlich auch für ihre Bücher, so wie viele andere Firmen auch Werbung machen. In bekannten Zeitschriften kannst du oft Anzeigen von Buchverlagen finden.

Eine andere Möglichkeit, auf neue Bücher hinzuweisen, besteht in der Pressearbeit oder *Public Relations,* wie sich als Begriff dafür eingebürgert hat. Dabei verschickt der Verlag zum Beispiel Leseexemplare eines Buches an Zeitungen und Zeitschriften. Fast in allen Zeitungen werden neue Bücher vorgestellt. Die Redakteure lesen die neuen Bücher der Verlage und schreiben dann Kritiken darüber. Die Redakteure nennt man deshalb auch Kritiker. Die Kritik wird als *Rezension* bezeichnet. Der Leser der Zeitung bekommt

UMWERFEND: DER NEUE KNISTER!

KNISTER
WER VERFLIXT IST YOKO?

DM: 19,80
SFr.: 19,00
ÖS: 145,00

ISBN 3-401-04891-0

- Gebunden.
  Farbiger Vorsatz.
- 160 Seiten.
- Ab 8 Jahren.

»... Ein seltsames pelziges Wesen hat heute Nachmittag auf dem Flughafen für Aufregung gesorgt. Offenbar ist das Tier, das aussieht wie ein Mischung aus Affe und Teddy, seinem Besitzer entwischt ...«

Als Pia diese Nachricht im Fernsehen sieht, ist eins ganz klar: Wenn irgendjemand erfährt, wen sie seit heute Nachmittag im Keller einquartiert hat, wird es großen Ärger geben. Und Yoko, das seltsame pelzige Wesen, ist wirklich nicht leicht zu verstecken! Er hat ein paar sehr eigenwillige Angewohnheiten, er macht einen Heidenlärm, und weil er nur seine eigene, völlig unverständliche Yokosprache kennt, kann er Pia auch nicht helfen, sein Geheimnis zu ergründen. Doch da ist auch noch der düstere Thor van Sneider. Weiß er vielleicht, wer Yoko ist? Und warum ist er so versessen darauf, den kleinen Kerl zu finden?

Arena

Arena Verlag · Postfach 51 69 · 97001 Würzburg · Tel.: 09 31 / 7 96 44-0 · Fax: 09 31 / 7 96 44-13 durch die Kritik einen ersten Eindruck von einem Buch, gerade auch dadurch, dass der Kritiker schreibt, was ihm gut und was ihm nicht gefallen hat. Wenn du in deine Tageszeitung guckst, kannst du dort Buchkritiken finden. Die Seiten, auf denen sie in den meisten Zeitungen stehen, heißen *Feuilleton*. Achte einmal darauf, ob es nur Kritiken zu Büchern für Erwachsene gibt. Wenn ja, kannst du der Zeitung ja einmal schreiben, dass du auch gerne Kritiken von Kinder- und Jugendbüchern lesen würdest.

Wenn ein Roman in einer Zeitung rezensiert wird, erhöht das die Bekanntheit dieses Buches. Das gilt ganz besonders, wenn es eine Auszeichnung erhält. In Deutschland gibt es ungefähr 250 Literaturpreise, die für Bücher vergeben werden. Die meisten Literaturpreise sind auf bestimmte Bücherarten begrenzt. Es finden auch Wettbewerbe für Kinder- und Jugendbücher statt. 1999 hat zum Beispiel Annika Thor für das Buch »Die Insel im Meer« den Deutschen Jugendliteraturpreis bekommen. Ein solcher Preis wird von einer Jury vergeben. Darin sitzen Schriftsteller, Verleger, Lektoren, Kritiker, Lehrer oder Buchhändler und beurteilen Bücher. In der Jury für den Deutschen Jugendliteraturpreis sitzen immer auch zwei

Jugendliche. Gefällt den Juroren ein Buch besonders gut, erhält es den Preis. Die Auszeichnung wird dem Schriftsteller in einer feierlichen Veranstaltung übergeben. Sehr oft ist sie mit der Zahlung eines Geldpreises verbunden. Über eine solche Preisvergabe berichten natürlich auch die Zeitungen. Das wiederum ist eine gute Öffentlichkeitsarbeit für das Buch.

Journalisten nutzen aber auch noch eine ganz andere Gelegenheit, um über Bücher zu schreiben. Das ist die Buchmesse. Sie ist ein ganz wichtiger Termin für alle Buchverlage und findet in jedem Jahr im Oktober in Frankfurt/Main statt. Auf der Buchmesse präsentieren sich die Buchverlage mit Ständen in riesigen Hallen und stellen dabei ihre neuen Programme vor. Neben den Journalisten besuchen auch sehr viele Buchhändler die Messe, sehen sich die neuen Programme der Verlage an und bestellen dabei auch viele Bücher.

Ein Stand auf der Frankfurter Buchmesse.

Mehr als Papier und Seiten: Was alles zu einem guten Buch gehört

Vieles, was zum Buch, seiner Herstellung und Geschichte gehört, hast du schon kennen gelernt. So vieles sogar, dass du mit ziemlicher Sicherheit gar nicht alles im Kopf behalten wirst. Das macht aber nichts. Dafür gibt es ja dieses Buch. Denn genau dazu dienen Bücher auch. In ihnen kann man Wissen aufbewahren. Vielleicht hast du einmal in einem Buch gelesen, wie ein Flugzeug funktioniert. Nach einiger Zeit vergisst du es wieder. Wenn du dann nach Jahren einmal jemandem erklären willst, wie ein Flugzeug funktioniert, kannst du sehr schnell in deinem Buch nachschlagen. Auf diese Weise wird es nicht lange dauern und du weißt wieder über Flugzeuge und das Fliegen Bescheid. Deshalb ist es natürlich gut, möglichst viele Bücher um sich zu haben.

Wer ein Buch genau betrachtet, entdeckt viele Einzelheiten und Kleinigkeiten, die ihm eine Menge über das Buch verraten.

Erste Ansichten eines Buches

Zunächst hat ein Buch natürlich eine Vorder- und eine Rückseite. Die würde auch jeder schon auf Anhieb so benennen.

Die Vorderseite kann auch als Titelseite bezeichnet werden. Darauf steht mit großen Buchstaben die Überschrift des Buches, der Titel also. Unter dem Titel befindet sich manchmal noch der Untertitel.

Auf der Titelseite werden außerdem die Namen des Autors und des Verlages abgedruckt. Ein *Herausgeber* hat das Buch nicht selber geschrieben. Ist ein solcher genannt, stellt das Buch Texte von verschiedenen Autoren vor, die vom Herausgeber gesammelt wurden. Das kommt zum Beispiel oft bei Gedichtsammlungen vor. Auch ein Märchenbuch oder eine Sagensammlung kann einen Herausgeber haben. Auf der Titelseite ist in der Regel auch das *Logo* des Verlages zu erkennen.

Im Mittelpunkt der Rückseite steht eine kurze Inhaltsangabe des Buches. Hier findest du eine Zusammenfassung dessen, was du in dem Buch lesen kannst. Dann ist auf der Rückseite manchmal der Preis angegeben und die Bestellnummer des Buches, die so genannte ISBN. Häufig ist ein Buch zusätzlich noch mit einem Barcode – dem so genannten EAN-Code – versehen. Dieser kann mit einem Lesestift an der Kasse in den Buchgeschäften eingelesen werden und enthält wichtige Daten des Buches wie den Preis.

Die Längsseite des Buches, an der die Seiten zusammengeheftet sind, nennt man Buchrücken. Auch auf dem Buchrücken sind wesentliche Angaben zum Buch aufgedruckt. Das ist wichtig, denn der Rücken ist das Einzige, was man von einem Buch sieht, wenn es im Regal steht. Deshalb befinden sich hier noch einmal der Titel und der Name des Autors. Wenn du ein Buch in einer Buchhandlung bestellen willst, solltest du immer den Titel und den Namen des Autors wissen. Mit diesen Angaben bestellt der Buchhändler jedes Buch sehr schnell. Wenn du einmal nicht beides weißt, reicht es zur Not auch, wenn du nur den Titel oder nur den Namen kennst. Dann kann es aber sehr viel länger dauern, bis der Buchhändler in seinem Computer das Buch gefunden hat.

Ein gebundenes Buch hat häufig noch einen zusätzlichen *Schutzumschlag*. Ursprünglich sollte er – wie der Name schon verrät – das Buch vor Beschädigungen und Verschmutzungen schützen. Heute dient er auch als Werbemittel. Auf den beiden Seitenklappen des

Schutzumschlages findest du noch mehr Informationen über das Buch und den Autor. Manchmal steht dort auch noch ein Ausschnitt aus einer Zeitungskritik, in der dieses Buch gut besprochen worden ist.

Auf der hinteren Klappe befindet sich sehr häufig ein kurzes Porträt des Autors, oft noch mit einem kleinen Foto versehen.

Wenn du das Buch aufschlägst, siehst du als Erstes noch einmal eine Seite mit dem Titel und der Angabe des Autors. Meist eine Seite später folgt das *Impressum*.

Klein, aber oho: das Impressum

Das Impressum sieht zunächst sehr unscheinbar aus. Es ist aber sehr wichtig und gesetzlich vorgeschrieben. Das Wort kommt aus dem Lateinischen und bedeutet »das Eingedruckte« oder »Druckvermerk«.

Aus dem Impressum kannst du ersehen, wie alt ein Buch ist, ob es aus Deutschland kommt und vielleicht auch, ob es oft und gerne gelesen wird. Darüber gibt die Auflage Auskunft. Der Druck eines Buches erfolgt immer in einer bestimmten Auflage. Das können zum Beispiel 5 000 Stück sein. Sind diese 5 000 Bücher verkauft, druckt der Verlag das Buch erneut, vielleicht wieder mit 5 000 Stück. Man sagt dann auch, das Buch wird neu aufgelegt. Jede neue Auflage bedeutet also, dass sehr viele Menschen ein Buch gekauft haben. Steht in einem Buch, dass es sich um die 19. Auflage handelt, ist es schon zum 19. Mal nachgedruckt worden. Hierbei sind die Jahreszahlen besonders interessant. Wenn ein Buch in kurzer

Zeit – zum Beispiel in jedem Jahr – neu aufgelegt wird, ist es sehr beliebt. Wenn es 20 Jahre alt ist und sich immer noch in der 1. Auflage befindet, interessieren sich nicht viele Menschen dafür – was allerdings nicht heißen muss, dass es deshalb ein schlechtes Buch ist.

In neuer Rechtschreibung

1. Auflage als Originalausgabe im Arena Taschenbuchprogramm, 2000
© 2000 by Arena Verlag GmbH, Würzburg
Umschlaggestaltung: Bachmann & Seidel
Umschlag- und Innenillustrationen: Catharina Westphal
Gesamtherstellung: Westermann Druck Zwickau GmbH
ISSN 0518-4002
ISBN 3-401-00341-0

Heißt es außerdem zum Beispiel 3. aktualisierte Auflage, so hat der Autor das Buch vor dem neuen Druck noch einmal durchgesehen und manche Stelle, die vielleicht schon veraltet war, noch einmal verbessert und an den aktuellen Stand angepasst. Die Jahreszahl hinter der 1. Auflage gibt den ersten Erscheinungstermin eines Buches an. Vermerkt ist außerdem der Verlag, wo das Buch gedruckt wurde, in welcher Druckerei und wer das Umschlagbild entworfen hat. Wurde das Buch zum ersten Mal in den USA veröffentlicht oder in einem anderen Land, so ist auch das am Impressum zu erkennen. Dann findet sich meist der Hinweis darauf, dass es sich um eine Lizenzausgabe handelt und wer es ins Deutsche übersetzt hat. Wird das Buch als *Originalausgabe* bezeichnet, so ist es in dieser Form zum ersten Mal erschienen. Der Begriff »deutsche Erstausgabe« wiederum bedeutet, dass es in Deutschland zum ersten Mal auf den Markt kommt, in einem anderen Land aber schon vorher in der Originalausgabe veröffentlicht wurde. Im Impressum findet sich wieder die ISBN. Was bedeutet diese? ISBN ist eine Abkürzung. Sie steht für »International Standard Book Number«, das heißt »Internationale Standard Buch Nummer«. Dabei handelt es sich um eine individuelle Buchnummer. Jeder Buchtitel hat seine eigene ISBN. Mithilfe dieser Nummer kannst du bei deinem Buchhändler ein Buch bestellen – auch ohne, dass du den Titel oder den Namen des Autors weißt. Die Nummer besteht aus einer ganzen Reihe von Zahlen. Diese werden nicht zufällig ausgewählt. Jede hat ihren Sinn.

Der Titel der Originalausgabe lautet »De Griezelbus«
und ist bei Elzenga, Amsterdam, erschienen.
© *1991 Text: Paul van Loon*
Illustrationen: Camilla Fialkowski
Elzenga, Amsterdam

In neuer Rechtschreibung

1. Auflage 1997
© 1997 by Arena Verlag GmbH, Würzburg
Alle Rechte vorbehalten
Übersetzung: Eva Schweikart
Umschlag und Innenillustrationen: Camilla Fialkowski
Gesamtherstellung: Westermann Druck Zwickau GmbH
ISBN 3-401-04771-X

Zum Beispiel: 3-401-00341-0. Die erste Zahl ist eine Kennziffer für das Land, in dem das Buch erschienen ist. Drei steht für Deutschland. 401 stellt die Kennziffer für den Verlag dar. In diesem Fall handelt es sich um den Arena Verlag. 00341 ist die Nummer des Buches, 0 eine Prüfziffer.

Innenansichten:
Was du sonst in einem Buch entdecken kannst

Nach dem Impressum folgt manchmal das Inhaltsverzeichnis. Hier sind die Kapitel aufgelistet, und es ist angegeben, auf welcher Seite du sie findest. Oft schließt sich ein *Vorwort* oder eine Einleitung an. Darin kann der Autor etwas Grundsätzliches zu dem Buch sagen, also zum Beispiel auf die Bedeutung des Themas hinweisen, besondere Schwierigkeiten bei der Arbeit erläutern oder auch einfach nur in das Thema einführen. In einem Roman wirst du dagegen nur selten ein Vorwort finden. Dafür fangen viele Romane mit einem *Prolog* an. Prolog ist ein griechisches Wort. Es bedeutet Vorspiel oder Vorrede. Einmal angenommen, ein Roman handelt über eine Entführung und Kinder, die darin verwickelt sind. Dann könnte das Buch in einem Eisenbahnzug anfangen. Ein paar Kinder sitzen zusammen mit einem alten Mann in einem Abteil. Die Kinder sind laut

und lustig. Das scheint den alten Mann zunächst zu stören. Er ist sehr unhöflich zu den Kindern. Allmählich beginnt ein Gespräch zwischen Kindern und Mann. Dieser wird freundlicher und beginnt zu erzählen. Angeregt durch die Kinder, fallen ihm Geschehnisse ein, die er vor einigen Jahren erlebt hat. Es ist die Geschichte von der Entführung. Der Prolog endet, nun beginnt die eigentliche Handlung des Romans. Am Ende des Romans kommt dann heraus, dass der alte Mann im Zug der Vater von Marcus ist, also der Mann, der entführt wurde. Wenn eine Geschichte zum Schluss kommt, ist das Buch damit noch nicht am Ende. Bei einem Roman schließt sich oft ein Nachwort des Autors an. Bei historischen Romanen, die zum Beispiel im Mittelalter oder im alten Rom spielen, kann der Autor in seinem Nachwort zum Beispiel erklären, welche Teile seiner Geschichte sich wirklich früher so zugetragen haben und welche er erfunden hat, welche Personen es wirklich gab und welche er sich ausdachte. Sachbücher, manchmal auch Romane, können auch ein *Glossar* enthalten. Das ist ein griechisches Wort und bedeutet »Sammlung von Wörtern«. In einem Glossar werden Begriffe, die in einem Buch auftauchen, erklärt.

Wenn der Autor Fotos, Illustrationen oder Textstellen aus anderen Büchern übernommen hat, wird in einem *Quellennachweis* oder Bildnachweis angegeben, woher die Bilder stammen. Diese Nachweise kommen vor allem bei Sachbüchern vor. Sie stehen dann ebenfalls am Ende des Buches. Bei komplizierten Sachthemen gibt es häufig ein Literaturverzeichnis. In diesem nennt der Autor weiterführende Bücher zu dem Thema, über das er geschrieben hat. Eine wichtige Arbeitshilfe in Sachbüchern ist das *Register,* das immer ganz am Schluss des Buches steht. Hier sind die wichtigsten Begriffe, die in einem Buch vorkommen, die so genannten Schlagworte, alphabetisch angeordnet und mit ihren Seitenzahlen versehen. Wenn du etwas ganz Bestimmtes über ein spezielles Thema wissen willst, ist das Register dafür ein gutes Hilfsmittel. Einmal angenommen, du

musst für eine Hausaufgabe etwas über die Herstellung von Büchern schreiben und möchtest erklären, was ein Layout ist. Dann
kannst du dieses Buch Seite für Seite durchlesen und dir jede Stelle,
in der etwas über das Layout geschrieben wird, notieren. Viel
schneller geht es aber, wenn du im Register unter dem Begriff »Layout« nachschaust. Dort sind dann alle Seiten angegeben, auf denen
du etwas über das Layout findest.

Wo und wie du Bücher bekommst

Bücher bekommst du in einer Buchhandlung. Dort kannst du dir die Bücher, die der Buchhändler in den Regalen stehen hat, ansehen. Dabei kann man sich gut über Bücher informieren. Wenn du einen spannenden Roman suchst oder ein informatives Sachbuch zu einem bestimmten Thema, machst du das am besten in einer Buchhandlung, die du gut kennst. Hier kannst du die Inhaltsangaben auf den Rückseiten der Bücher vergleichen, den Text schon einmal kurz anlesen und so im Vergleich der Bücher miteinander eines finden, das dir besonders gut gefällt. Auf diese Weise wirst du selten von einem Buch enttäuscht sein. Buchhandlungen bieten noch eine weitere gute Möglichkeit, sich über Bücher zu informieren. Alle Buchverlage geben Prospekte heraus, in denen ihre Bücher vorgestellt werden. Diese Prospekte liegen in Buchhandlungen, manchmal auch in Büchereien, aus. Man kann sie umsonst mitnehmen und darin schmökern. Wer das macht, gewinnt schnell einen Überblick über die Bücher, die es zu einem bestimmten Thema zu kaufen gibt. Bücher sind etwas, was Eltern, Großeltern und Verwandte gerne an dich verschenken. Leider wissen deine Eltern oder Großeltern nicht immer, was für Bücher du gerne liest. Mit Buchprospekten kannst du ihnen Bücher, die du dir wünschst, zeigen. Nicht immer liegen die Prospekte in einer Buchhandlung offen aus. Es lohnt sich, den Buchhändler danach zu fragen. Die meisten haben Prospekte bekommen und helfen dir damit gerne weiter.
Wenn du dich nicht im Buchladen zurechtfindest, hilft dir ebenfalls

der Buchhändler gerne weiter. Buchhändler wissen sehr viel über Bücher. Wenn du Bücher zu einem bestimmten Thema suchst oder erfahren willst, ob dein Lieblingsautor noch andere Bücher geschrieben hat, solltest du solche Fragen an den Buchhändler stellen. Er wird dir weiterhelfen. Und wenn du ein ganz bestimmtes Buch kaufen möchtest, das der Buchhändler nicht vorrätig hat, kann er es dir innerhalb eines Tages bestellen.

Viel billiger ist es, sich Bücher von Freunden zu leihen. Da fällt natürlich die Auswahl kleiner aus, dafür habt ihr aber wahrscheinlich einen ähnlichen Geschmack. Je mehr Freunde und Bekannte mit dir Bücher austauschen, umso größer wird die Auswahl für euch alle. Aus diesem Grund ist es eine gute Idee, in der Klasse eine Verleihbörse für Bücher zu organisieren. Alle, die dabei mitmachen, können sich zum Beispiel einmal in der Woche – vielleicht direkt nach der Schule – treffen. Dazu bringt jeder einige Bücher mit, die er verleihen möchte. Diese werden dann unter allen Mitschülern, die teilnehmen, getauscht.

Eine andere Möglichkeit, viele Bücher zu lesen und dabei doch nicht unbedingt viel Geld auszugeben, bieten Büchereien oder Bibliotheken. Beide Wörter bedeuten dasselbe. Hier kannst du umsonst oder gegen eine kleine Gebühr Bücher ausleihen. Büchereien gibt es in jeder Gemeinde und in jeder Stadt. Solche Stadt- oder Gemeindebibliotheken haben immer sehr viele Kinder- und Jugendbücher, die ausgeliehen werden können. Dazu musst du dich zunächst bei der Bücherei anmelden. Beim Ausleihen der Bücher besteht eine Frist, innerhalb derer man das Buch wieder abgeben muss.

Büchereien eignen sich auch ganz prima, um sich über Bücher zu informieren. Man kann dort noch besser als in einer Buchhandlung darin blättern, sich die Bilder ansehen und den Text schon einmal

Probe lesen. Neben den meist kleineren Bibliotheken in den Gemeinden und Städten gibt es auch sehr große Bibliotheken, die häufig zu den Universitäten gehören. Viele davon haben mehrere Millionen Bücher, die die Studenten und Professoren für ihre Arbeit benötigen. Die Bücher aus diesen Bibliotheken würden nur die wenigsten Menschen in ihrer Freizeit lesen. Es sind wissenschaftliche Bücher. So bezeichnet man Sachbücher, bei denen einzelne Themen sehr speziell und genau beschrieben sind, sodass nur noch Fachleute, die sich mit dem Thema in Beruf und Studium beschäftigen, sie verstehen.

Berühmte Bibliotheken sind die Kongress-Bibliothek in Washington, die britische Bibliothek in London, die russische Staatsbibliothek in Moskau oder die französische Nationalbibliothek in Pa-

ris. Sie hat 12 Millionen Bücher. Die größte deutsche Bibliothek steht in Berlin und hat acht Millionen Bücher. In Bibliotheken kannst du nicht nur nach Büchern stöbern. Es ist auch möglich, gezielt nach einem bestimmten Buch zu suchen. Dazu gibt es Karteikästen, Kataloge oder auch Computer, in denen der Titel, das Thema oder der Verfasser eines Buches angegeben sind und außerdem der Standort – also das Regal, in dem zum Beispiel ein Roman zu finden ist – genannt wird.

Auch im Internet kannst du dich über Bücher informieren. Zahlreiche Verlage stellen sich und ihre Bücher dort vor. Die Adresse dafür ist in vielen Büchern angegeben. Wie schon erwähnt, gibt es auch in Zeitungen und Zeitschriften immer wieder Hinweise auf Bücher. Leider werden Kinder- und Jugendbücher dabei nur selten vorgestellt.

Was Forscher über das Lesen herausgefunden haben

Was genau beim Lesen im Gehirn passiert, beschäftigt auch die Wissenschaftler seit langem. Sie haben bisher herausgefunden, dass man kurze Texte mit einer Geschwindigkeit von 700 bis 900 Worten pro Minute lesen kann. Das sind immerhin 11 bis 15 Wörter pro Sekunde – schneller als irgendein Mensch reden kann. Dem menschlichen Auge braucht ein Wort nur 50 bis 60 Millisekunden gezeigt zu werden, damit es gelesen wird. In dieser Zeit kann das Gehirn die Buchstaben nicht einzeln hintereinander gereiht haben. Wer lesen gelernt hat, liest also anders als der Leseanfänger, der einen Buchstaben an den anderen fügt.

Interessant ist auch, dass beim Lesen der Blick nicht gleichmäßig über die Zeilen tastet, sondern in vielen kleinen Sprüngen an den Zeilen entlanghüpft, ohne dass der Leser es bemerkt. Der Blick ruht jeweils für einen winzigen Moment auf einem Textausschnitt von fünf bis neun Buchstaben, springt dann weiter, unterbrochen von kurzen und etwas längeren Pausen. Ungefähr jeder zehnte Sprung führt sogar wieder kurz in der Zeile zurück. Das Gehirn nimmt die Leseinformation in den winzigen Pausen auf. Dabei verwandeln sich die Buchstaben aus Druckschwärze in Bilder und Geschichten und im Kopf des Lesers entsteht eine Welt, in der er zum Beispiel das Abenteuer einer Entführung erlebt – so intensiv, dass er die Außenwelt dabei vergessen kann. Wie genau das geschieht, haben die Forscher bis heute nicht herausgefunden.

Über die Bedeutung des Lesens und der Bücher

Schon am Anfang dieses Buches wurde gezeigt, welchen Einfluss und welche Macht Bücher haben können. Neben Büchern, die einfach nur interessant und spannend sind, gab es immer Bücher, die sehr viele Menschen beeinflusst und sogar die Geschichte der Welt verändert haben. Solche Bücher sind die Bibel, der Koran und zum Beispiel das »Das Kapital« von Karl Marx. Der erste Band wurde 1867 veröffentlicht. In dieser Zeit ging es den Arbeitern sehr schlecht. Sie mussten oft 16 Stunden am Tag arbeiten. Die Arbeit in den Fabriken war viel schwerer als heute. Trotzdem bekamen die Arbeiter nur einen Lohn, der oft nicht einmal ausreichte, den Hunger der Familie zu stillen. Das hat Marx in seinem Buch kritisiert. Gleichzeitig versuchte er zu erklären, warum es den Arbeitern so schlecht geht und wer nach seiner Meinung die Schuld daran hat. Schließlich sagte Marx allen Menschen bessere Zeiten voraus. Das gab damals vielen Männern und Frauen Mut, sich gegen die schlechten Arbeitsbedingungen zu wehren. Viele Arbeiter schlossen sich zusammen, gründeten Parteien und Gewerkschaften und kämpften für eine Verbesserung ihrer Lebensbedingungen. In vielen Ländern kam es friedlich zu Veränderungen und Verbesserungen der Arbeitszeiten und Lebensbedingungen, die heute noch gelten. Oft gab es Kämpfe und viele Tote bei dem Versuch, die Lebensumstände zu verändern. Oft gelang das sogar, so in Russland, wo ein sozialistischer Staat entstand, der heute schon wieder zerfallen ist. Auch die DDR hätte es ohne dieses Buch nicht gegeben. Ganz egal, was man heute über Karl Marx denkt, zeigt dieses Beispiel doch die Macht des Buches – im Guten wie auch im Schlechten. Am Anfang schrieb ein Autor ein Buch, von dem bei seinem Erscheinen noch niemand wusste, was daraus einmal werden würde. Am Ende hat das, was in diesem Buch stand, das Leben von Millionen Menschen und ganzen Ländern verändert.

Die Stärke von Büchern liegt darin, dass sie sehr schnell umfassende Ideen und Gedanken, die ein einzelner Mensch hat, vielen anderen Menschen zugänglich machen. Hätte es in der Zeit von Karl Marx keine Bücher gegeben, so hätte dieser seine Gedanken nur weitererzählen können. Wie viele Menschen wären damit wohl erreicht worden? Vielleicht einige hundert. Die großen Veränderungen, die durch sein Buch bewirkt wurden, wären dann aber sicher nicht geschehen.

Welchen Einfluss Bücher haben, zeigt auch ein Blick in die Geschichte. Seit rund 500 000 Jahren gibt es Menschen. Während des längsten Teils dieser Zeitphase lebten sie fast unverändert als Jäger und Sammler. Ganz langsam und mühsam entwickelte sich die Landwirtschaft, entstanden erste Städte. Dann, ungefähr um die Zeit, als Christoph Columbus Amerika entdeckte, das war 1492, brach plötzlich eine Phase rasanter Veränderungen und Entdeckungen an, die bis heute nicht abgeschlossen ist. Und genau in diese Zeit fällt auch die Erfindung und Verbreitung des Buchdruckes.

Neue Ideen, Entdeckungen und Erfindungen konnten sich mithilfe der Bücher über die Welt verbreiten und wurden von vielen Menschen gelesen. Dadurch entstanden wieder neue Ideen, Entdeckungen und Erfindungen, über die Bücher geschrieben werden.

Bücher bewirken aber nicht nur viel im Großen. Nicht weniger wichtig ist, was sie im Kleinen bewegen. Viele Menschen erinnern sich in ihrem Leben an Bücher, die ihnen viel bedeuten. Die Gründe dafür sind oft so unterschiedlich wie die Bücher selbst. Das kann ein Roman sein, der einem einmal besonders gut gefallen hat, genauso aber auch ein Sachbuch, dem vor einiger Zeit sinnvolle Ratschläge entnommen wurden. Wenn du Erwachsene, die gerne lesen, fragst, ob es für sie solche Bücher gibt, werden sie dir bestimmt welche nennen können.

Voraussetzung dafür, dass Bücher etwas bewegen, ist natürlich, dass die Menschen lesen können. Das war lange Zeit nicht selbstverständlich. Im Mittelalter konnten nur wenige – meist reiche Leute oder Mönche – lesen und schreiben. Jemand, der nicht lesen und schreiben kann, wird als Analphabet bezeichnet. Das ist ein griechisches Wort. Es bedeutet »des Schreibens und Lesens unkundig sein«. In Deutschland gibt es heute nur ganz wenige Analphabeten. Das ist nicht überall auf der Welt so: Die Hälfte der Menschen auf der ganzen Erde kann nicht lesen und schreiben. Vor allem in ärmeren Regionen wie Afrika, Asien oder Südamerika leben viele Analphabeten. In Afrika gehören 70 Prozent der Menschen dazu.

Das liegt vor allem daran, dass es in diesen Ländern nur wenige Schulen gibt. Für dich und deine Freunde ist es selbstverständlich, zur

Schule zu gehen. In vielen armen Ländern müssen die Kindern den ganzen Tag arbeiten und für die Familie Geld verdienen. Ohne Schulbildung aber bekommen diese Kinder keine Chance, später einmal gut bezahlte Arbeit zu finden. Damit werden sie immer arm bleiben. Gleichzeitig wird es damit aber in dem Land auch in Zukunft viel zu wenig gut ausgebildete Arbeiter geben. So verharrt auch das Land in Armut. Ein armes Land aber kann keine Schulen bauen. Und wo es keine Schulen gibt, besteht noch nicht einmal die Möglichkeit, Lesen und Schreiben zu lernen. Wer soll diesen Kreislauf ändern? Bisher hat es noch niemand geschafft.

Was Büchern gefährlich werden kann

Bücher haben Feinde. Auf sie lauern Gefahren, an die du sehr wahrscheinlich im ersten Moment gar nicht denken würdest. Eine der Gefahren steckt in den Büchern selber, genauer gesagt im Papier vieler Bücher. Es ist die Säure, die sich im Laufe viele Jahre gerade in älteren Büchern bilden kann. Wie sie entsteht, wurde im Kapitel über das Papier beschrieben. Dadurch zerfallen die Bücher im Laufe der Zeit. Bei besonders wichtigen Büchern kann diese Entwicklung durch komplizierte chemische Behandlungen vermieden oder zumindest aufgehalten werden.

Ganz alte Bücher, die vor 200 oder 300 Jahren geschrieben wurden, haben übrigens keine Probleme mit Säuren. Zu dieser Zeit wurde Papier in langwieriger Handwerksarbeit noch aus Leinen und Baumwollgewebe hergestellt. Chemische Zusätze oder Holzbestandteile, die für die Bildung der Säuren sorgen, gab es in diesem Papier noch nicht. So gibt es aus dieser Zeit heute immer noch Bücher. Sehr wahrscheinlich wird es diese auch noch geben, wenn viele der vor einigen Jahren gefertigten Bücher schon lange zerfallen sind. Trotzdem bestanden auch vor einigen Jahrhunderten Gefahren für Bücher, die heute kaum noch eine Rolle spielen. Schlimm waren vor allem Insekten, die als Schädlinge ganze Bibliotheken zerstören konnten. Natürlich sind auch Schimmelpilze für Bücher schädlich, genau wie manchmal auch Ratten und Mäuse. Werden Bücher zu feucht gelagert, quillt das Papier auf und verformt sich. Im grellen Sonnenlicht vergilben Bücher. Und natürlich wollen Bücher vorsichtig behandelt sein. Einer der größten Feinde für Bücher ist der Mensch, denn Bücher lassen sich leider sehr leicht verknicken, verschmutzen oder beschädigen. Mit Büchern sollte man vorsichtig umgehen. Viele Menschen tun aber genau das nicht. Das war schon vor vielen hundert Jahren genauso wie heute. So schrieb vor über 600 Jahren der englische Lordkanzler und Büchersammler Richard de Bury über eine Beobachtung, die er häufiger gemacht hatte: »Da kannst du öfter einen solchen phlegmatischen Jüngling in seinem Studierzimmer sitzen sehen, wie im Winter seine Nase läuft, er aber hält es gar nicht für nötig, sein Taschentuch zu gebrauchen, bis das Buch, das vor ihm liegt, völlig durchnässt ist. Schusterleder müsste man ihm eigentlich vor die Nase legen! Ein Buch muss besser behandelt werden als ein Stiefel!«

Es ist natürlich schlimm, wenn Bücher beim alltäglichen Gebrauch beschädigt werden. Noch schlimmer aber ist es, wenn Bücher verboten werden oder jemand eine große Zahl von Büchern vernichten will, weil ihm nicht gefällt, was darin steht. Einer der größten Bücherfeinde, die es je gab, war Adolf Hitler, der in Deutschland von 1933 bis 1945 an der Macht war. Hitler ließ Bücher in großer Zahl verbrennen. In vielen großen und kleinen Städten wurden Scheiterhaufen angezündet und die Menschen verbrannten Bücher auf Plätzen und Straßen.

Auch heute noch gibt es Länder, in denen manche Bücher verboten sind. Bücher wurden aber auch schon früher verbrannt, wenn sie mächtigen Männern wie Königen nicht gefielen. Du kennst sicher viele Märchen und Sagen, die in alten, längst vergangenen Zeiten spielen. Vielleicht hast du schon von der Nibelungensage und dem Helden Siegfried gehört. Früher gab es noch viel mehr solcher Sagen. Im frühen Mittelalter wurden viele dieser Sagen in Büchern aufgeschrieben und gesammelt, um sie für spätere Zeiten aufzubewahren. Diese Bücher gab es, bis ein Kaiser mit dem Namen Ludwig der Fromme regierte. Er lebte von 814 bis 840. Ludwig der Fromme glaubte, dass diese Sagen dem Christentum schaden könnten. Er ließ alle Bücher verbrennen. Viele Geschichtsforscher meinen, dass dabei unglaublich wertvolle und auch spannende Sagen, aber auch viel Wissen darüber, wie die Menschen früher lebten, verloren gingen.

Die Kirche war in ihrer Geschichte oft ein Feind der Bücher. Bis 1966 hatte eine Liste, mit der Bücher verboten wurden, Gesetzeskraft in der katholischen Kirche. Die Liste hieß Index Librorum Prohibitorum. Mit ihr wurden Bücher einiger der berühmtesten Dichter und Denker, die es je gegeben hat, verboten. Auf dem Index standen zum Beispiel Bücher von Heinrich Heine, Immanuel Kant,

Gotthold Ephraim Lessing und Arthur Schopenhauer. Das sind einige der größten deutschen Dichter und Denker. Die Päpste, Kardinäle und Bischöfe fanden, dass ihre Ideen im Gegensatz zu der Lehre der Kirche stehen und damit verboten gehören.

Bücher haben sehr viel Macht. Die Gedanken von Immanuel Kant sind längst selbstverständlich geworden und werden an Schulen und Universitäten unterrichtet. Und trotz des Bücherverbots wurden viele Gedichte von Heinrich Heine sehr bekannt. Du kannst die Bücher all dieser Autoren heute in jeder Buchhandlung kaufen.

Register